Litchi

Fichier de l'élève

Mathématiques

Catherine VILARO
Conseillère pédagogique

Didier FRITZ
Inspecteur de l'Éducation nationale

Nouveaux programmes 2016

istra

Crédits photographiques

P. 14 g : © Voren 1 / Fotolia.
P. 14 m : © Andre / Fotolia.
P. 14 d : © Aleksandr / Fotolia.
P. 21 : © M. Ruegner / Stock Images / Getty Images.
P. 125 h : © Ermolaev Alexandr / Fotolia.
P. 125 bg : © D. Fritz.
P. 125 bd : © A. Bacchella / Jacana / Gamma-Rapho.

Édition : Delphine DEVEAUX
Maquette de couverture : Estelle CHANDELIER et Florence LE MAUX
Illustration de couverture : Delphine VAUFREY
Maquette intérieure : Estelle CHANDELIER et Florence LE MAUX
Mise en pages : TYPO-VIRGULE
Illustrations : Delphine VAUFREY (personnages et animaux) ; Gilles POING (illustrations techniques)
Fabrication : Patricia ZALEWSKI

PAPIER À BASE DE FIBRES CERTIFIÉES

hachette s'engage pour l'environnement en réduisant l'empreinte carbone de ses livres. Celle de cet exemplaire est de :
0,75 kg éq. CO_2
Rendez-vous sur www.hachette-durable.fr

ISBN : 978-2-01-394763-3

Avant-propos

Au cours de cette année scolaire, les élèves de CP vont se construire leurs premiers apprentissages mathématiques formalisés.
Il convient donc de les conduire à des **bases solides**, au cours d'apprentissages **progressifs et rigoureux**, condition indispensable pour construire et ancrer la compréhension de chaque situation mathématique et des techniques correspondantes.
Le fichier Litchi s'inscrit pleinement dans cette logique, dans le respect absolu des programmes du 26 novembre 2015.

Le principe de ce fichier repose sur le choix d'une grande progressivité dans le passage **du concret à l'abstrait**. Outre les situations de concret vécues ou les manipulations décrites dans le guide pédagogique, tous les apprentissages prennent appui sur des situations de la vie courante illustrées par deux personnages attachants, Lilou et Mehdi.
L'apprentissage se construit ensuite pas à pas **de la représentation du réel à la symbolisation**, pour parvenir ensuite à la **formalisation mathématique**.

« *La connaissance des nombres entiers et du calcul est un objectif majeur du cycle 2* » (*cf.* B.O. du 26 novembre 2015). La collection Litchi a la volonté de développer une **approche méthodique et spiralaire** de la construction du nombre, élément fondamental pour la suite de l'apprentissage mathématique.
Dans cet esprit, **une importance significative est donnée aux petits nombres** dont la maîtrise constitue la base indispensable du système de numération décimale et du traitement des calculs.
Conformément aux programmes 2015, « *La résolution de problèmes est au centre de l'activité mathématique des élèves, développant leurs capacités à chercher, raisonner et communiquer.* » Le fichier développe pour cela un **apprentissage progressif et structuré** de la **résolution de problème**, sur la base de trois composantes :
- le **réinvestissement** pour consolider le sens des opérations et des notions mathématiques travaillées ;
- une **approche méthodologique** pour permettre à l'élève de s'imprégner d'une logique de raisonnement et de s'approprier des procédures-types de résolution ;
- une **structuration de la trace écrite** pour habituer l'élève à communiquer son raisonnement, ses calculs et la réponse qu'il apporte au problème posé, de manière organisée.

Ainsi que le préconisent les nouveaux programmes, « *l'appropriation de stratégies de calcul adaptées aux nombres et aux opérations en jeu* » trouvent ici une place affirmée :
- le **calcul mental**, présent en bas de page, permet un travail **quotidien et structuré** : il vise à conforter et automatiser la maîtrise des nombres et des opérations.
- le **calcul réfléchi**, présent dans chaque période, engage l'élève à des stratégies de calcul à l'oral et à l'écrit.

Litchi, le kangourou, incite à un travail régulier sur la bande numérique, indispensable pour les élèves les moins à l'aise.

La **géométrie** trouve dans ce fichier une place significative et valorisée, pour amener l'élève à des habitudes de rigueur et de qualité dans les tracés et les constructions géométriques. Un vocabulaire géométrique précis est utilisé.

Le fichier est découpé en **5 périodes** correspondant au découpage de l'année. Deux bilans par période permettent d'évaluer les acquis des élèves.
Nous avons choisi de constituer des blocs d'apprentissage pour travailler sur des objectifs précis dans un même champ mathématique : ainsi chaque fiche ne traite que d'une seule notion. Dans la plupart des cas, cette notion s'élabore sur deux fiches consécutives, de manière à installer solidement chaque connaissance visée.

Les auteurs

Sommaire

Les grands domaines définis par les programmes sont identifiés dans le sommaire par des couleurs :
Nombres et calculs — Grandeurs et mesures — Espace et géométrie — Problèmes

Troisième période

Quatrième période

Progression par domaines mathématiques

Nombres et calculs

Grandeurs et mesures

Espace et géométrie

Problèmes

ESPACE ET GÉOMÉTRIE

Se repérer dans les consignes du fichier

....

Compétence : Comprendre les logos de repérage des consignes.

1 abc **Écris** ton prénom.

Je m'appelle ....

2 123 **Écris** ton âge.

J'ai .... ans.

3 **Barre** la mauvaise réponse.

Je suis — un garçon. / une fille.

4 **Dessine** un soleil.

5 **Colorie** le personnage.

6 **Entoure** le chat.

7 **Relie** l'animal et sa maison.

8 1+2 **Calcule** l'addition.

1 + 1 = ...

9 **Observe** le dessin du lapin.

10 **Complète** les oreilles du lapin.

11

ESPACE ET GÉOMÉTRIE

Se repérer dans l'espace du fichier

......	......	......	......	......

Compétence : Se repérer dans l'espace de la page du fichier.

Observe le fichier de Lilou, puis **réponds** aux questions ci-dessous.

- **Entoure** le logo de l'exercice 1.

- **Colorie** l'animal que tu devrais entourer dans l'exercice 2.

- **Dessine** le ballon de l'exercice 3.

- **Entoure** le mot de la consigne de l'exercice 4. **Dessine** **Écris** **Colorie**

12

ESPACE ET GÉOMÉTRIE

Les mots pour se repérer dans l'espace

Compétence : Acquérir le vocabulaire permettant de situer des objets ou des personnes les uns par rapport aux autres.

1 **Entoure** la bonne réponse : **sur** ou **sous.**

Mehdi est sur / sous le banc.

Lilou est sur / sous la table.

2 **Entoure** l'animal qui est juste **au-dessus** du cochon .

3 **Entoure** l'avion qui est juste **au-dessous** de l'avion rouge.

4 **Colorie** en bleu le coureur qui est **devant.**

5 **Entoure** l'éléphant qui est **derrière** l'éléphant gris.

Tracés à la règle (1)

Compétences : Découvrir et utiliser la règle comme instrument de tracé.

1 **Entoure** les bons outils pour faire de la géométrie.

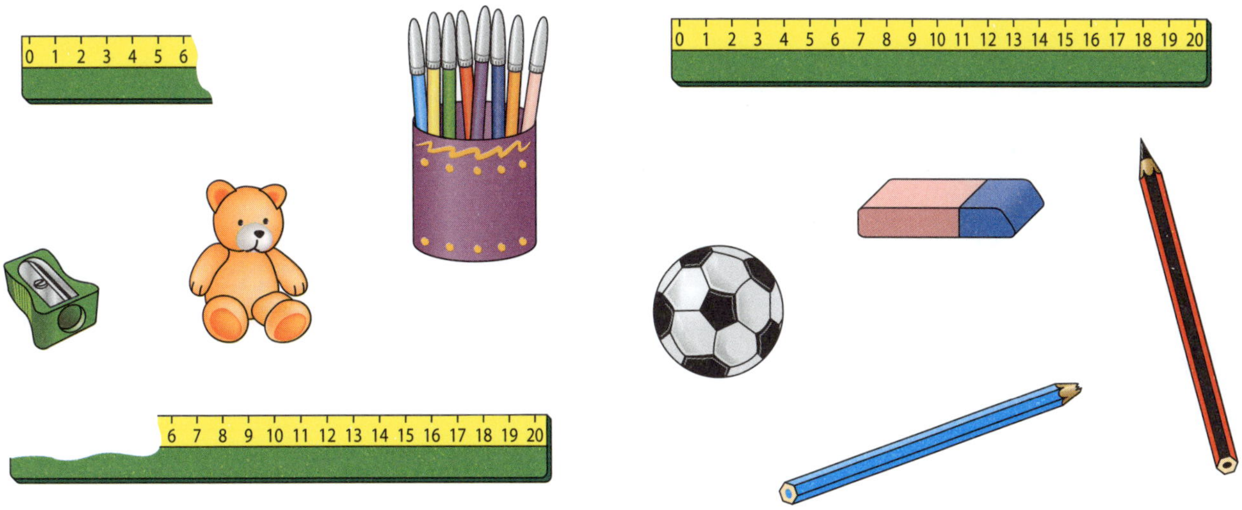

2 **Trace** à la règle la ligne droite entre l'animal et sa maison.

Les nombres jusqu'à 5 (1)

......	......	......	......	......

Compétences : Dénombrer et constituer des collections ≤ 5.

1 **Écris** le nombre d'animaux que tu vois sur chaque image.

Il y a .... chats.

Il y a .... oiseaux.

Il y a .... chiens.

2 **Dessine** les images de Mehdi.

Il y a 5 fleurs.

Il y a 3 ballons.

3 **Écris** le nombre de doigts montré par Lilou.

.... 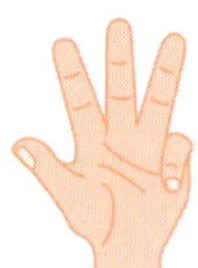

.... 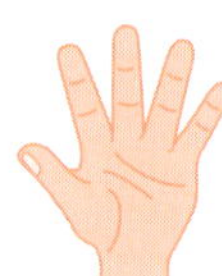

.... 

4 **Relie** chaque image à son nombre sur la file numérique.
Complète le dernier dessin avec des étoiles.

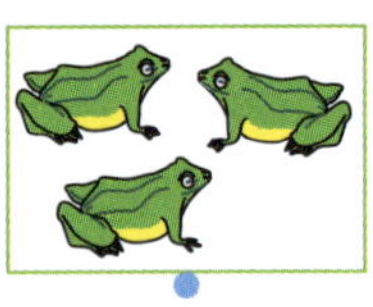   

1 2 3 4 5 6 7 8 9 10

Litchi avance de 3 cases.
Colorie sa case d'arrivée.

1	2	3	4	5	6	7	8	9	10

15 NOMBRES ET CALCULS

Les nombres jusqu'à 5 (2)

Compétences : Écrire, nommer et représenter les nombres ≤ 5.

1 123 **Écris** le nombre de jetons que possède chaque enfant.

....

....

2 **Entoure** 4 grenouilles.

3 **Dessine** les billes qui manquent pour en avoir 5.

4 **Colorie** autant de cases de la règle à calculer que de carrés ■.

Exemple : ■ ■ ■

1	2	3	4	5	6	7	8	9	10	11	12	13	14	15	16	17	18	19	20
■	■	■																	

■ ■ ■ ■ ■

1	2	3	4	5	6	7	8	9	10	11	12	13	14	15	16	17	18	19	20

5 **Relie** chaque coccinelle à la file numérique.
Complète les points de la dernière coccinelle.

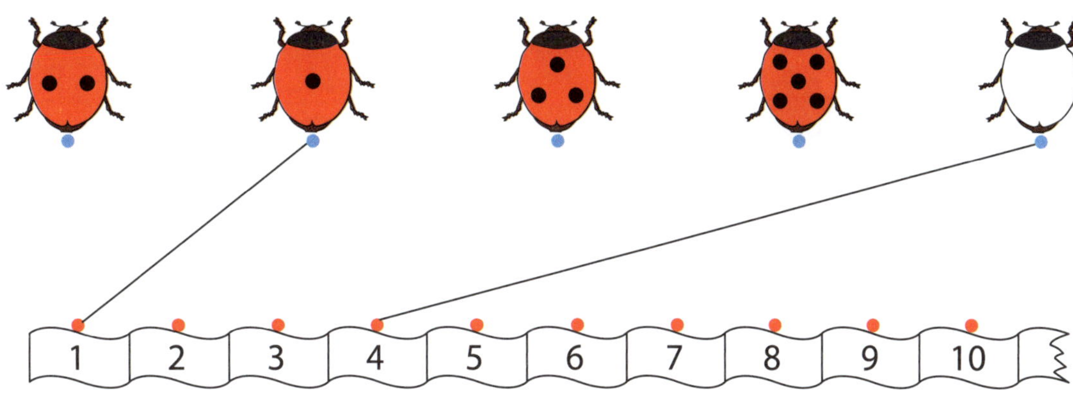

Litchi avance de 3 cases.
Colorie sa case d'arrivée.

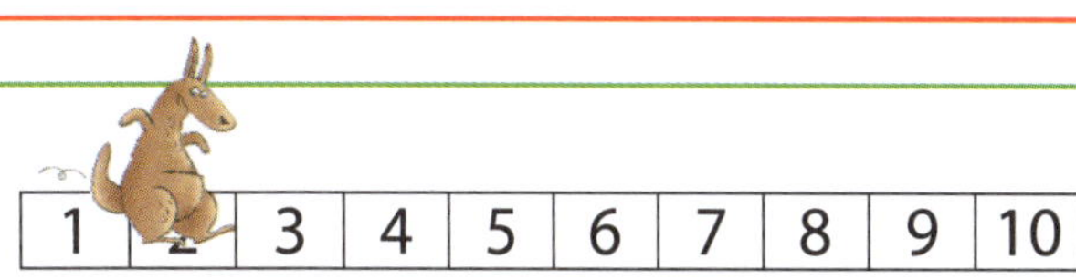

Calcul mental : Reconnaître globalement des quantités inférieures ou égales à 5. *Ex. : Montrer rapidement des quantités " 5 à l'aide d'objets, puis des doigts. Les élèves nomment ou écrivent la quantité.*

Droite – gauche

......	......	......	......	......

Compétence : S'approprier sa droite et sa gauche.

1 **Entoure** la bonne réponse : **droite** ou **gauche**.

Mehdi écrit de la main droite. / gauche.

Lilou écrit de la main droite. / gauche.

2 **Relie** chaque gant à sa main.

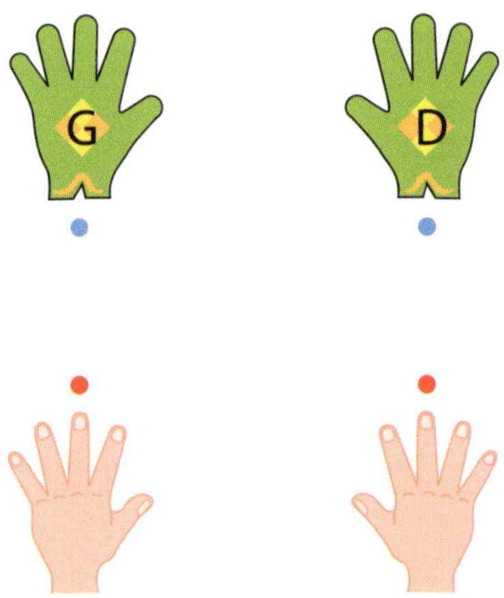

3 **Colorie** le dessin qui est sur la page de **gauche**.

4 **Observe** le dessin.

Entoure la bonne réponse : **droite** ou **gauche**.

Mehdi est à droite / gauche de maman.

Le chien est à droite / gauche de papa.

Calcul mental : Réciter la suite numérique. *Ex. : Faire réciter la suite des nombres entre deux nombres donnés : entre 2 et 30 ; entre 6 et 29 ; etc.*

Comparaison des nombres jusqu'à 5 (1)

....	....	....	....	....

Compétences : Comparer et ranger les nombres ≤ 5 ; découvrir l'expression « plus grand que ».

1 123 **Écris** le nombre de ballons de Mehdi et Lilou.

Mehdi a .... ballons.   Lilou a .... ballons.

Entoure le nom de l'enfant qui a **le plus** de ballons.

Mehdi   ou   Lilou

2 **Complète.**

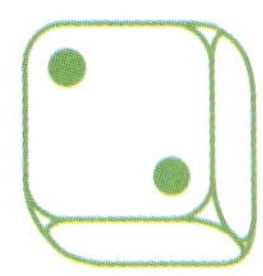

....

.... est **plus grand que** ....

3 **Entoure le plus grand** des deux nombres.

5   3 | 2   4 | 5   4

4 123 **Écris** les nombres dans l'ordre du **plus petit** au **plus grand**.

3	5	2	1	4
....	....	....	....	....

Litchi avance de 4 cases.
Colorie sa case d'arrivée.

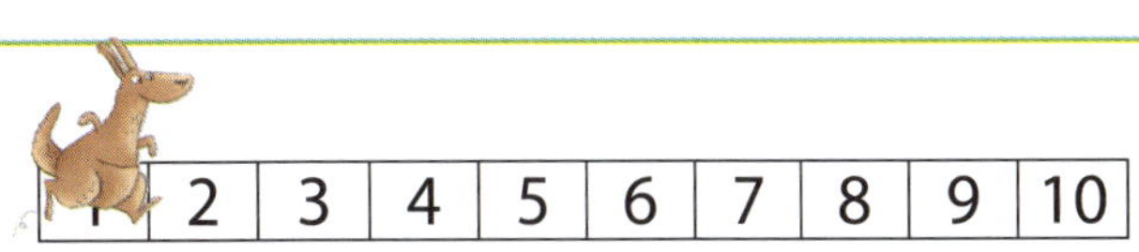

Calcul mental : Identifier, nommer et écrire des nombres ≤ 5. *Ex. : Montrer rapidement des quantités ≤ 5 ; les élèves énoncent la quantité, puis l'écrivent.*

Comparaison des nombres jusqu'à 5 (2)

......	......	......	......	......

Compétences : Comparer et encadrer les nombres ≤ 5 ; découvrir l'expression « plus petit que ».

1 123 **Écris** le nombre de billes de chaque enfant.

Mehdi a .... billes. Lilou a .... billes.

Entoure le nom de l'enfant qui a **le moins** de billes.

Mehdi ou Lilou

2 **Complète.**

Mehdi ....

Lilou ....

.... est **plus petit que** ....

Entoure le nom de l'enfant qui a **la plus petite** carte.

Mehdi ou Lilou

3 123 **Écris** le nombre qui est juste **avant**.

.... **est avant** 5. .... **est avant** 3. .... **est avant** 4.

4 123 **Écris** un nombre **plus petit que** les deux autres.

2 3 .... | 3 5 .... | 4 5 ....

Litchi avance de 2 cases.
Colorie sa case d'arrivée.

1	2	3	4	5	6	7	8	9	10

Calcul mental : Comparer des nombres ≤ 5.
Ex. : Donner deux nombres ≤ 5 ; les élèves nomment le plus grand et l'écrivent.

Addition des nombres jusqu'à 5

....	....	....	....	....

Compétences : Découvrir l'addition : sens, signes + et = ; mémoriser les tables d'addition de résultat ≤ 5.

1 1+2 **Calcule** le nombre total de cerises.

Lilou a 3 cerises. Elle en ajoute 2.

3 + 2 = ...

Lilou a ...... cerises.

....
\+ ....
= ....

2 1+2 **Calcule** le nombre total de points.

.... + ... = ...

3 1+2 **Calcule** le nombre total de jetons.

1 + 3 = ...

4 **Colorie** les additions sur la règle à calculer et 1+2 **calcule**.

1	2	3	4	5	6	7	8	9	10	11	12	13	14	15	16	17	18	19	20

3 + 2 = ...

1	2	3	4	5	6	7	8	9	10	11	12	13	14	15	16	17	18	19	20

3 + 1 = ...

5 **Complète** les additions.

1 + ... = 4

.... + 2 = 4

2 + ... = 5

.... + 1 = 5

Litchi recule de 2 cases.
Colorie sa case d'arrivée.

1	2	3	4	5	6	7	8	9	10

Calcul mental : Comparer des nombres ≤ 5.
Ex. : Donner 2 nombres ≤ 5 ; les élèves nomment le plus petit et l'écrivent.

PROBLÈMES

20 La rédaction d'un problème

....	....	....	....	....

Compétence : Modéliser la rédaction d'un problème de structure additive.

1 Lilou a cueilli 3 pommes. Mehdi en a cueilli 2.
Combien ont-ils de pommes à eux deux ?

Dessine.

Les pommes de Lilou		Les pommes de Mehdi		Toutes les pommes cueillies
	+		=	

Écris l'opération.

.... + ... = ...

Écris la réponse à la question.

Lilou et Mehdi ont .... pommes à eux deux.

2 Lilou et Mehdi ont cueilli des prunes.
Lilou a cueilli 4 prunes. Au total, ils ont cueilli 5 prunes.
Combien Mehdi en a-t-il cueilli ?

Dessine.

Les prunes de Lilou		Les prunes de Mehdi		Total des prunes cueillies
	+		=	5

Écris l'opération.

.... + ... = ...

Écris la réponse à la question.

Mehdi a cueilli ....

Calcul mental : Trouver les compléments à 5. *Ex. : Montrer une quantité < 5 avec des objets, les doigts, les constellations du dé. Les élèves montrent le complément à 5 avec leurs doigts, puis l'écrivent.*

21 Bilan 1

Calcul mental

....	....	....	....	....	....

1 **Écris** le nombre.

.... lapins

.... doigts

....

2 **Dessine** 4 poissons dans l'aquarium.

3 **Relie.**

main gauche

main droite

4 **Complète** et **entoure** la bonne réponse : grand ou petit.

.... est plus grand / petit que ....

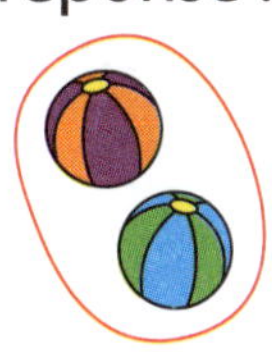

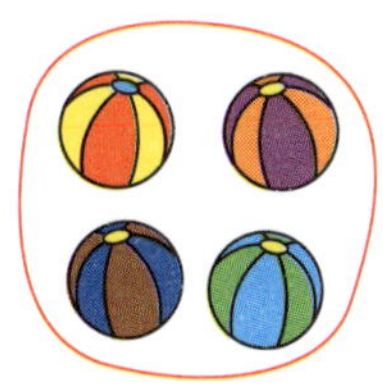

.... est plus grand / petit que ....

5 **Complète** les additions.

.... + ... = ...

....
\+ ....
= ....

3 + 2 = ...

3 + 1 = ...

2 + 2 = ...

Se repérer dans l'espace de la classe

Compétence : Se repérer dans un espace restreint en utilisant le vocabulaire adapté.

1 **Entoure** la bonne réponse : **droite** ou **gauche**.

Jade est dans la rangée de droite. / gauche.

Mehdi est dans la rangée de droite. / gauche.

2 **Entoure** la bonne réponse : **sur** ou **sous**.

Léo est sur / sous le banc.

Le seau est sur / sous le banc.

3 **Entoure** la bonne réponse : **devant** ou **derrière**.

Jade est devant / derrière Inès.

Lilou est devant / derrière Lisa.

4 **Entoure** la bonne réponse : **près** ou **loin**.

Léo est près / loin du tableau.

Inès est près / loin du tableau.

Calcul mental : Réciter la suite numérique. *Ex. : Faire réciter la suite des nombres entre deux nombres donnés : entre 1 et 28 ; entre 9 et 31…*

Les nombres de 6 à 9

......	......	......	......	......

Compétence : Dénombrer des collections de 6 à 9 en utilisant diverses représentations des nombres.

1 123 **Écris** le nombre de boules.

.... 

 ....

.... 

 ....

2 **Relie** les mains au nombre montré.

• 6 • 7 • 8 • 9

3 **Colorie** autant de cases de la règle à calculer que de carrés ■.

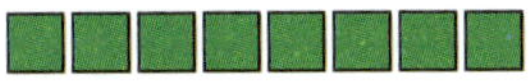

1	2	3	4	5	6	7	8	9	10	11	12	13	14	15	16	17	18	19	20

1	2	3	4	5	6	7	8	9	10	11	12	13	14	15	16	17	18	19	20

4 **Relie** les mêmes nombres.

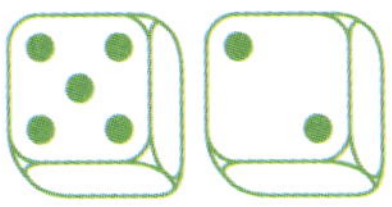 •   • 7 •   • 8 + 1

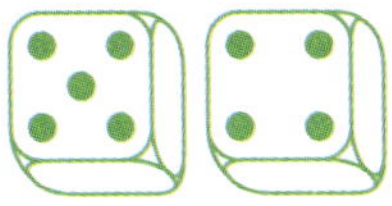 •   • 9 •   • 6 + 1

Calcul mental : Trouver le nombre qui précède ou qui suit un nombre donné. *Ex. : Les élèves nomment ou écrivent le nombre qui vient avant ou après le nombre présenté.*

Décomposition des nombres 6 et 7

....

Compétences : Composer et décomposer les nombres 6 et 7 sous forme additive ; mémoriser les tables d'addition correspondantes.

1 1+2 **Calcule.**

.... + ... = 7

 ....

 + ...

= 7

2 1+2 **Calcule** le total des deux cartes.

.... + ... = ...

.... + ... = ...

3 1+2 **Calcule** les additions.

.... + ... = ...

.... + ... = ...

.... + ... = ...

4 **Colorie** les additions sur la règle à calculer et 1+2 **calcule**.

1	2	3	4	5	6	7	8	9	10	11	12	13	14	15	16	17	18	19	20

4 + 2 = ...

1	2	3	4	5	6	7	8	9	10	11	12	13	14	15	16	17	18	19	20

2 + 5 = ...

5 **Complète** les additions.

5 + 1 = ...

5 + ... = 7

.... + 6 = 7

Litchi recule de 4 cases.
Colorie sa case d'arrivée.

1	2	3	4	5	6	7	8	9	10

Calcul mental : Réciter la suite numérique dans l'ordre décroissant entre deux nombres donnés.
Ex. : de 12 à 1 ; de 20 à 9…

25

Décomposition des nombres 8 et 9

....	....	....	....	....

Compétences : Composer et décomposer les nombres 8 et 9 sous forme additive ; mémoriser les tables d'addition correspondantes.

1 1 2 3 **Écris** ce que montrent les mains de Mehdi.

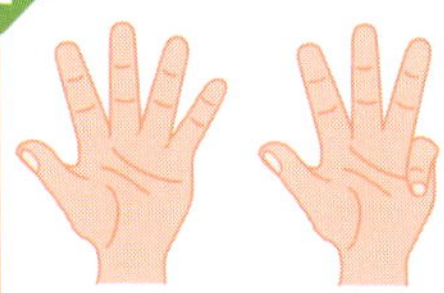

5 + 4 = ...

$$\begin{array}{r} 5 \\ +\ 4 \\ \hline = \ldots \end{array}$$

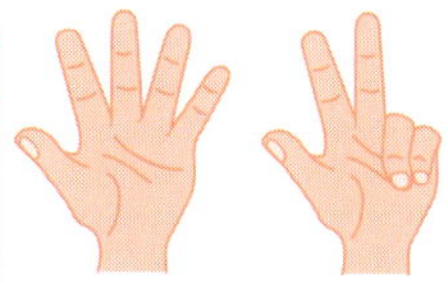

5 + 3 = ...

$$\begin{array}{r} 5 \\ +\ 3 \\ \hline = \ldots \end{array}$$

2 **Complète** les dés et les cases pour obtenir le total demandé.

6 + ... = 9

4 + ... = 8

2 + ... = 8

3 **Colorie** les additions sur la règle à calculer et 1+2 **calcule**.

1	2	3	4	5	6	7	8	9	10	11	12	13	14	15	16	17	18	19	20

4 + 5 = ...

1	2	3	4	5	6	7	8	9	10	11	12	13	14	15	16	17	18	19	20

6 + 2 = ...

4 **Relie** chaque addition avec son résultat sur la bande numérique.

1 + 7   3 + 6   3 + 5   7 + 2

5 1 2 3 **Écris** des additions différentes dont le résultat est égal à 9.

.... + ... = 9   .... + ... = 9   .... + ... = 9

Litchi recule de 4 cases.
Colorie sa case d'arrivée.

1	2	3	4	5	6	7	8	9	10	11	12	13	14	15

Calcul mental : Additionner deux nombres dont la somme est ≤ 7 (répertoire additif). *Ex. : Montrer deux quantités d'objets ; les élèves énoncent le résultat ou l'écrivent (5 + 1 ; 2 + 5 ; 4 + 3 ; etc.).*

26 Tableaux à double entrée (1)

Compétence : S'approprier le principe du tableau à double entrée.

1 **Complète** le tableau en respectant les lignes et les couleurs.

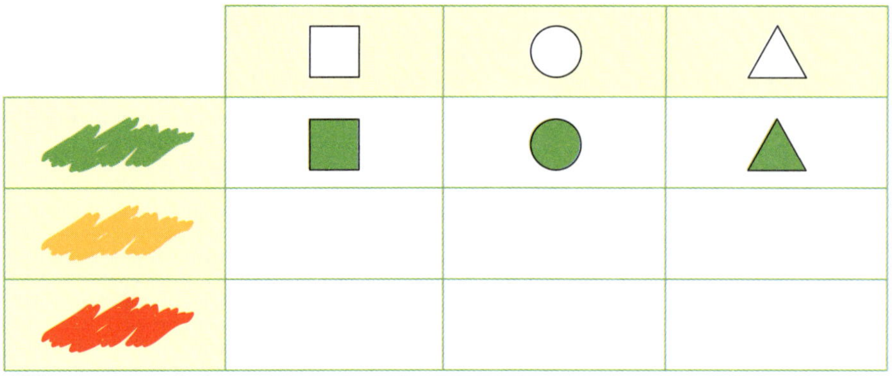

2 **Colorie** en faisant attention à chaque colonne.

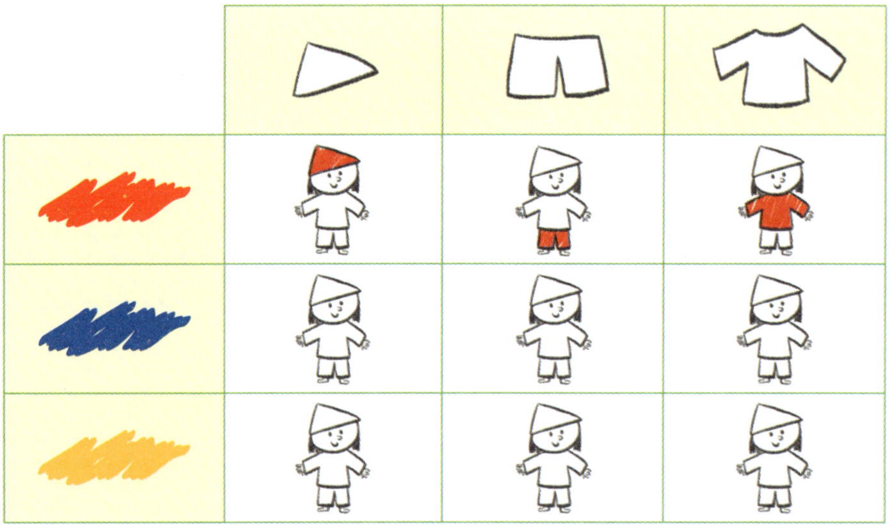

3 **Complète** en respectant les lignes et les couleurs.

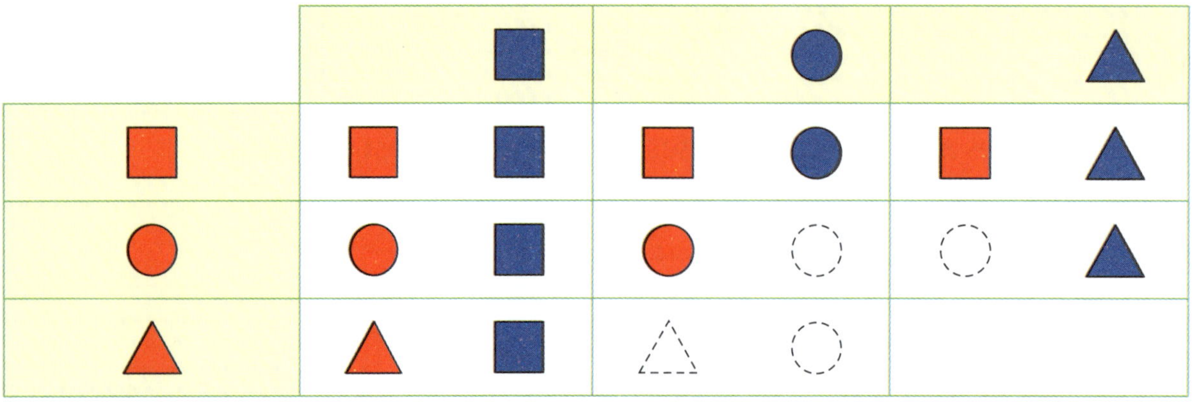

Calcul mental : Réciter la suite numérique dans les ordres croissant et décroissant à partir d'un nombre donné.
Ex. : Donner un nombre de départ différent de 1. Les élèves récitent la suite numérique dans l'ordre demandé.

Tableaux à double entrée (2)

Compétences : Exploiter des données numériques présentées sous forme de tableau à double entrée ; s'approprier une représentation des tables d'addition.

1 Lilou a complété la première colonne du tableau. **Aide**-la à terminer.

Lilou met deux dés l'un à côté de l'autre.

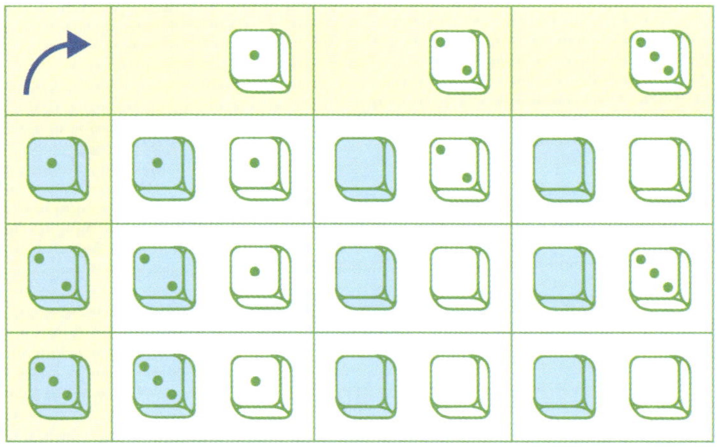

2 **Complète** le tableau de Mehdi.

Mehdi remplace les dés par les nombres.

+	1	2	3
1	....	1 + 2	....
2	2 + 1	2 + ...	....
3	...... + 1	....	3 + 3

3 123 **Écris** le résultat de l'addition dans chaque case.

Lilou et Mehdi additionnent dans chaque case du tableau.

+	1	2	3
1	....	3	....
2	3	....	....
3	....	....	6

Calcul mental : Trouver le complément à 5 pour obtenir les nombres de 6 à 9. *Ex. : Montrer 5 doigts et demander ce qu'il faut ajouter pour obtenir 8, 6, 7, 9 ; les élèves écrivent le complément.*

Comparaison des nombres de 1 à 9

Compétences : Comparer, encadrer et ranger les nombres ≤ 9.

1 **Complète** et **compare** les collections de voitures de Lilou et Mehdi.

Entoure la bonne réponse.

Lilou a **plus de** voitures que Mehdi. Lilou a **moins de** voitures que Mehdi.

2 **Écris** les nombres et **complète** la réponse avec *grand* ou *petit*.

9 est plus .... que 6. *6 est plus .... que 9.*

3 **Écris** le nombre qui est **entre** :

7	....	9
4	....	6
6	....	8
5	....	7

4 **Écris** les numéros des voitures du **plus grand** au **plus petit**.

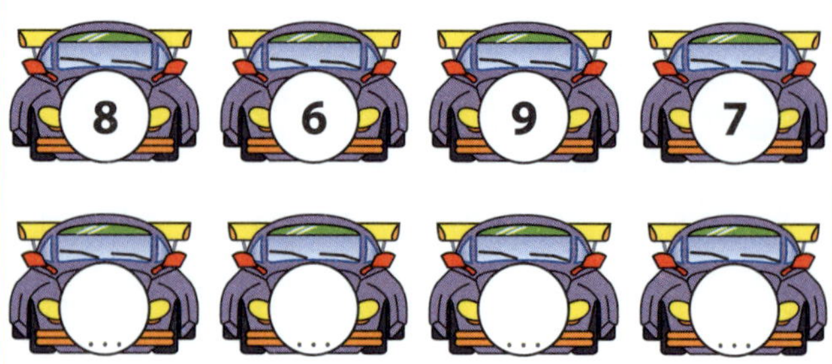

Litchi avance de 6 cases.
Colorie sa case d'arrivée.

1	2	3	4	5	6	7	8	9	10

Calcul mental : Identifier, nommer et écrire des quantités ≤ 9. *Ex. : Montrer aux élèves des constellations de 5 à 9 en s'appuyant sur la constellation 5 ; les élèves nomment ou écrivent le nombre présenté.*

Le nombre 0

....	....	....	....	....

Compétence : Comprendre la valeur du nombre 0.

1 123 **Écris** le nombre d'objets de chaque catégorie dans la trousse de Lilou.

	Nombre
	....
	....
	....
	....
	....

2 123 **Écris** ce que montre la main de Mehdi à chaque fois.

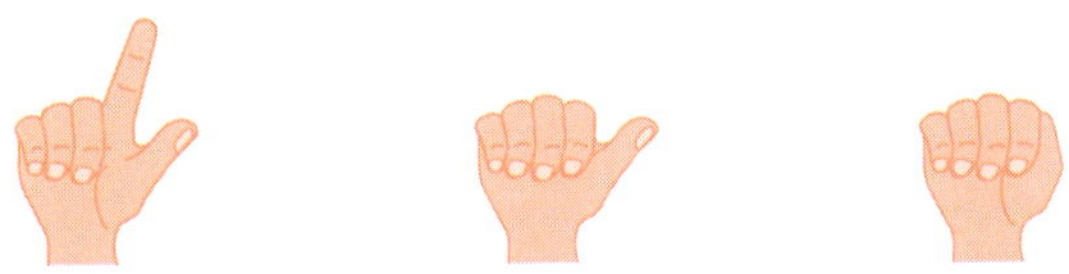

....

3 123 **Écris** le nombre de billes.

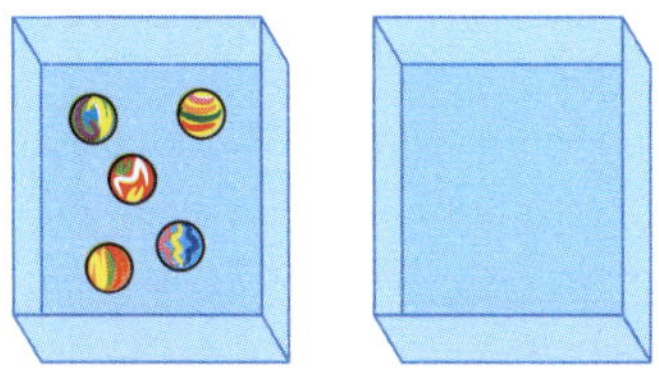

.... + ... = ...

4 123 **Écris** les nombres des dominos.

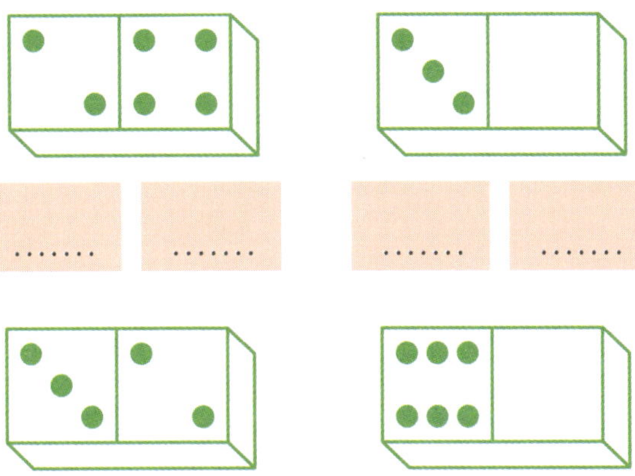

....

....

5 **Complète** l'addition pour avoir le nombre total de poupées.

.... + ... + ... = ...

Litchi avance de 2 cases, puis de 3 cases.
Colorie sa case d'arrivée.

1	2	3	4	5	6	7	8	9	10

Calcul mental : Identifier le nombre compris entre deux nombres ≤ 9. *Ex. : Montrer les cartes nombres (6 / 8) ; (4 / 6)… Les élèves nomment ou écrivent le nombre à intercaler.*

30

NOMBRES ET CALCULS

Le nombre 10

Compétences : Dénombrer et constituer des collections égales à 10.

1 **Écris** les nombres.

....

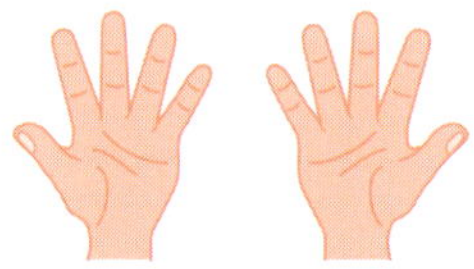

....

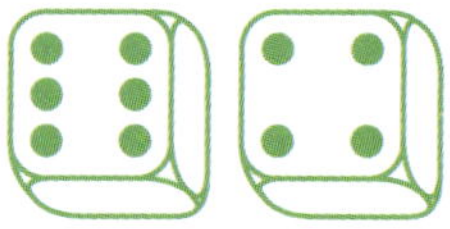

....

2 **Dessine** les jetons qu'il faut ajouter pour obtenir 10.

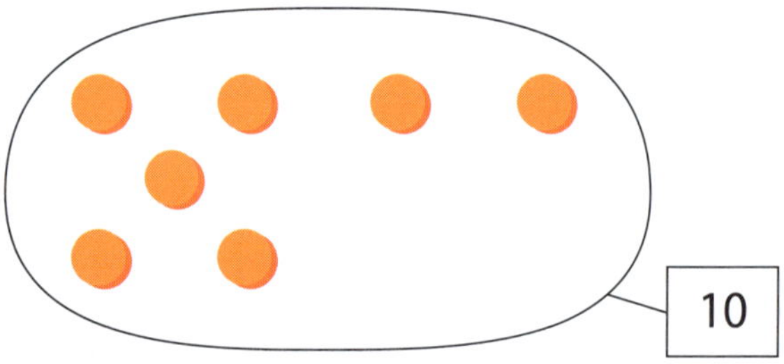

3 **Barre** les jetons en trop pour obtenir 10.

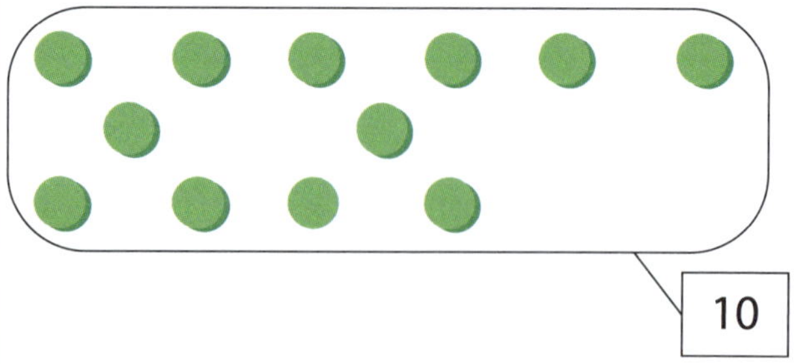

4 **Colorie** en vert 10 unités sur la règle à calculer.

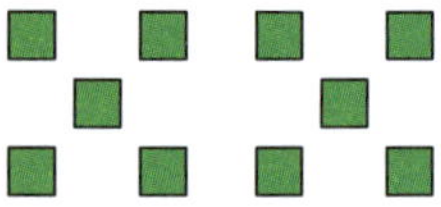

1	2	3	4	5	6	7	8	9	10	11	12	13	14	15	16	17	18	19	20

5 **Entoure** pour faire des paquets de 10 animaux identiques.

De combien de cases Litchi doit-il reculer pour arriver à 7 ? **Complète.**

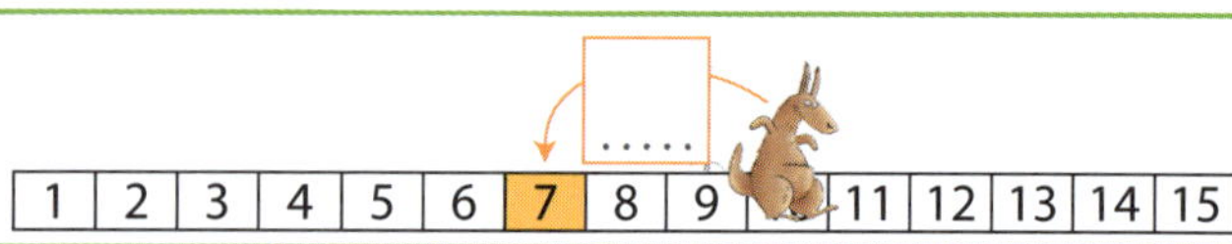

Calcul mental : Ajouter ou retrancher 1 ; ajouter ou retrancher 2.
Ex. : Donner un nombre ≤ 9 ; demander d'ajouter ou de retrancher 1, puis 2.

Calcul réfléchi : le rôle du nombre 5

Compétences : Utiliser et mémoriser une procédure de calcul en ligne prenant appui sur le 5.

1 **Complète** pour calculer le nombre total de jouets de Lilou.

poupées rouges …… poupées bleues …… oursons ……

……. poupées + ……. oursons = ……. jouets

2 **Complète** pour calculer le nombre total de jetons de Mehdi.

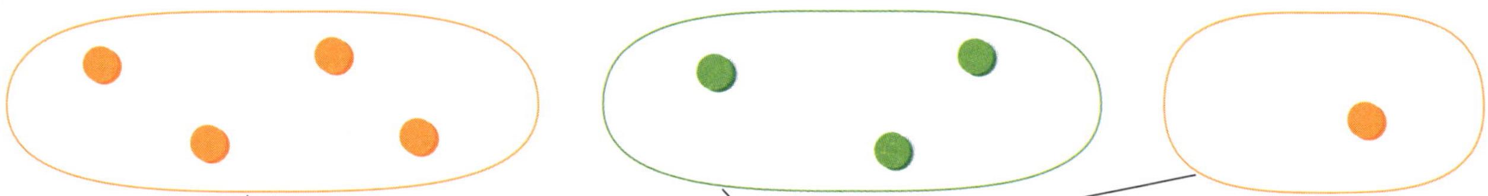

……. jetons oranges + ……. jetons verts = …….

3 **Complète** les additions.

2 + 3 + 4

……. + ……. = …….

1 + 3 + 4

……. + ……. = …….

4 **Entoure** les nombres dont le total est 5 dans chaque addition. 1+2 **Calcule**.

(1) + (4) + 2 = …….

3 + 4 + 2 = …….

3 + 1 + 4 = …….

2 + 4 + 3 = …….

De combien de cases Litchi doit-il avancer pour arriver à 9 ? **Complète**.

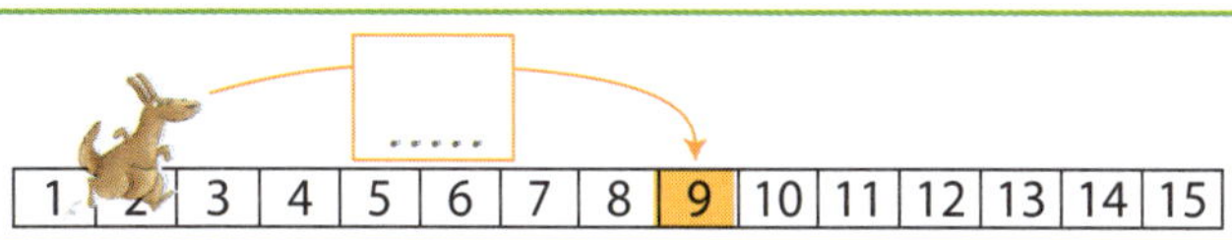

Calcul mental : Compter de 2 en 2 dans l'ordre croissant à partir de 2, puis à partir de 1. *Les élèves récitent la suite numérique le plus loin possible.*

PROBLÈMES

32 Problèmes d'addition (1)

Compétences : Résoudre des problèmes conduisant à utiliser l'addition. Les modéliser à l'aide de l'écriture mathématique avec le signe +.

1 Lilou a 5 billes vertes. Mehdi a 4 billes rouges.
Combien en ont-ils à eux deux ?

Dessine.

Billes de Lilou	Billes de Mehdi	Total des billes

Écris et **calcule** l'opération.

……. . ……. = …….

Écris la réponse à la question.

Ils ont ……… billes à eux deux.

2 Au début de la récréation, Mehdi a 3 billes. Il en gagne 5.
Combien en a-t-il à la fin de la récréation ?

Dessine.

Au début	Gain	Total à la fin

Écris et **calcule** l'opération.

……. . ……. = …….

Écris la réponse à la question.

Mehdi a ……… billes à la fin de la récréation.

Calcul mental : Additionner deux nombres dont la somme est ≤ 9 et dont l'un des termes de l'addition est 5.
Ex. : Montrer deux constellations du dé dont l'une est 5 ; les élèves énoncent le résultat ou l'écrivent.

PROBLÈMES

33 L'organisation des données d'un problème

……	……	……	……	……

Compétence : Exploiter des données numériques sous forme de tableau à double entrée.

Observe le contenu des trousses de Lilou et de Mehdi.

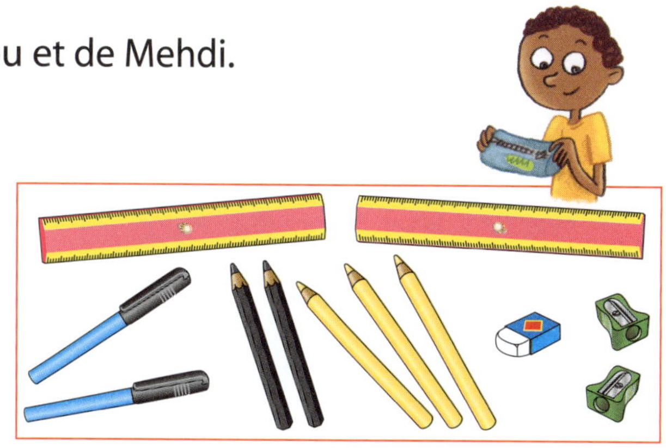

1 **Complète** les informations dans le tableau.

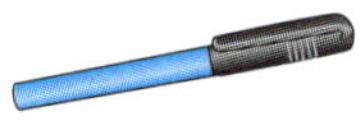	3	2
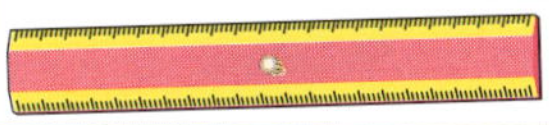	…….	…….
	…….	…….
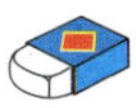	…….	…….
	…….	…….
	…….	…….

2 **Colorie** en bleu la case de celui qui en a le plus.

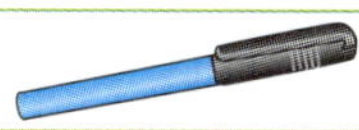		
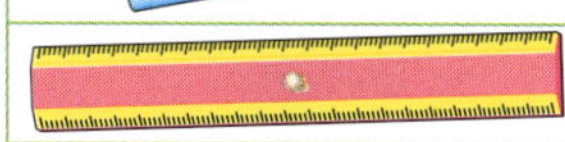		

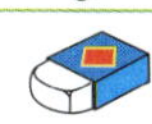		

Complète avec *plus* ou *moins*.

Lilou a …………… de stylos que Mehdi.
Lilou a …………… de crayons que Mehdi.

Calcul mental : Résoudre un problème additif simple. *Ex. : Énoncer le problème : « Lilou a 3 marrons ; Mehdi lui en donne 5. Combien en a-t-elle désormais ? » Faire énoncer les stratégies.*

ESPACE ET GÉOMÉTRIE

34 Tracés à la règle (2)

Compétence : Utiliser la règle comme instrument de tracé de droites.

1 **Trace** à la règle la ligne droite entre les points de même couleur.

2 **Trace** à la règle la ligne droite entre les points de même couleur.

Calcul mental : Ranger dans l'ordre croissant ou décroissant des nombres ≤ 9. *Ex. : Écrire au tableau 8 ; 5 ; 7 ; 3. Les élèves les écrivent dans l'ordre croissant. Écrire au tableau 4 ; 9 ; 1 ; 6. Les élèves les écrivent dans l'ordre décroissant.*

Bilan 2

Calcul mental

....	....	....	....	....	....

1 **Écris** le nombre dans chaque case.

.... canards

.... boules

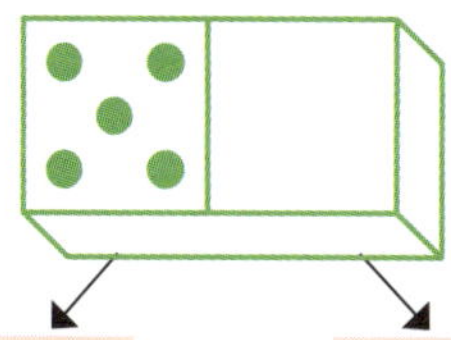

....

2 **Complète** et **entoure** la bonne réponse : **grand** ou **petit**.

.... est plus grand / petit que ....

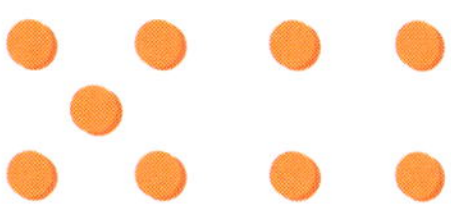

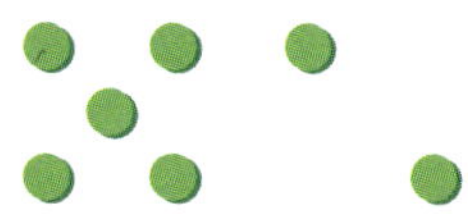

.... est plus grand / petit que ....

3 **Calcule** les additions.

.... + ... = ...

6 + 2 = ...

8 + 1 = ...

5 + 2 = ...

4 **Complète** les additions.

9 + ... = 10

8 + ... = 10

5 + ... = 10

5 **Trace** à la règle la ligne droite entre les points de même couleur.

Décomposition du nombre 10
Les compléments à 10

......	......	......	......	......

Compétences : Composer et décomposer le nombre 10 ; découvrir les compléments à 10.

1 123 **Écris** le nombre de plots que Lilou et Mehdi portent en gymnastique.

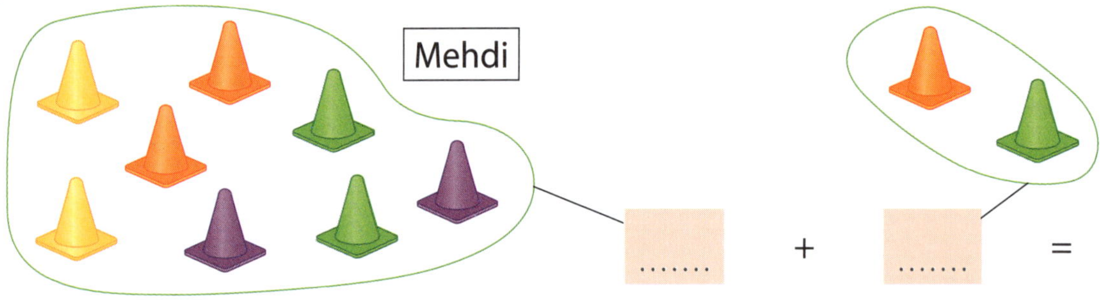

.... + ... = 10

2 **Complète** le second dé pour aider Lilou à faire 10.

.... + ... = 10

.... + ... = 10

3 **Dessine** des jetons verts pour obtenir 10.

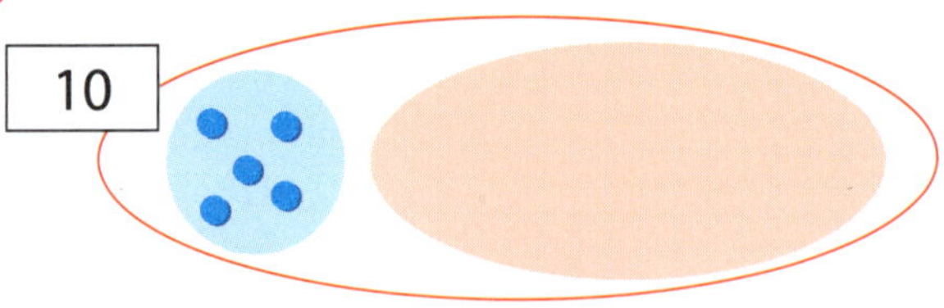

.... + ... = 10

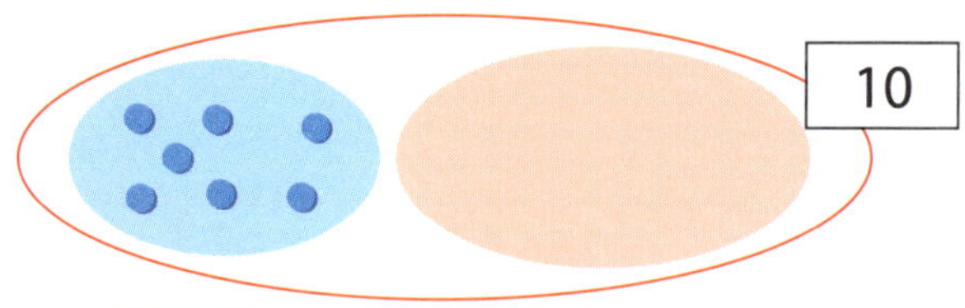

.... + ... = 10

4 **Colorie** en vert les cases supplémentaires pour faire 10 sur la règle à calculer.

1	2	3	4	5	6	7	8	9	10	11	12	13	14	15	16	17	18	19	20

..... + ... = 10

1	2	3	4	5	6	7	8	9	10	11	12	13	14	15	16	17	18	19	20

..... + ... = 10

Litchi avance de 4 cases, puis de 5 cases.
Colorie sa case d'arrivée.

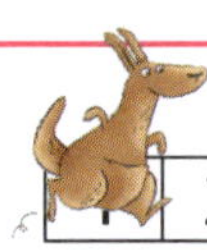

1	2	3	4	5	6	7	8	9	10

Calcul mental : Compter de 2 en 2 dans l'ordre croissant à partir de 3, puis de 4.
Les élèves récitent la suite numérique le plus loin possible.

Les mots pour écrire les nombres de 1 à 9

Compétence : Associer les noms des nombres de 1 à 9 à leur écriture chiffrée.

1 **Entoure** le nombre d'animaux écrit en lettres.

un – deux – trois

un – deux – trois

un – deux – trois

quatre – cinq – six

quatre – cinq – six

quatre – cinq – six

sept – huit – neuf

sept – huit – neuf

sept – huit – neuf

2 **Écris** les nombres en lettres.

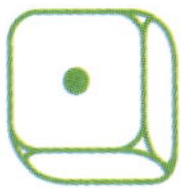

3 **Écris** les nombres en lettres.

4 **Complète** en lettres.

2

7

6

Calcul mental : Encadrer des nombres ≤ 9. *Ex. : Énoncer un nombre. Les élèves nomment ou écrivent le nombre qui vient avant et/ou après.*

Dizaines et unités (1)

......	......	......	......	......

Compétence : Dénombrer une collection en utilisant le groupement en dizaine.

1 **Entoure** 10 souris ensemble : un paquet de 10 souris.

Il y a ..... paquet de 10 souris

et ..... souris seules.

Complète.

 paquet de 10 souris	 souris seules
....	....

Il y a .... souris au total.

2 **Complète** pour avoir 1 dizaine de poissons et 4 poissons-unités.

Il y a ..... dizaine de poissons

et ..... poissons unités.

Complète.

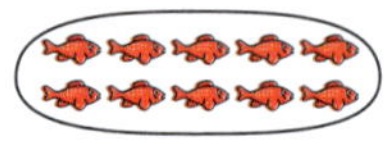 dizaine de poissons	 poissons seuls unités
....	....

Il y a .... poissons.

3 **Entoure** chaque dizaine de balles et **complète** le tableau.

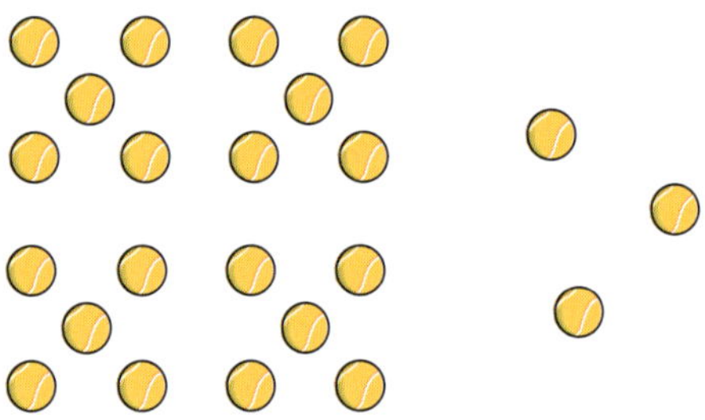

Il y a ..... dizaines de balles

et ..... balles-unités.

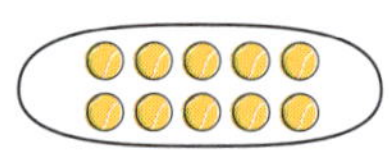 dizaines de balles	 balles seules unités
....	....

Il y a .... balles.

De combien de cases Litchi avance-t-il ?
Complète.

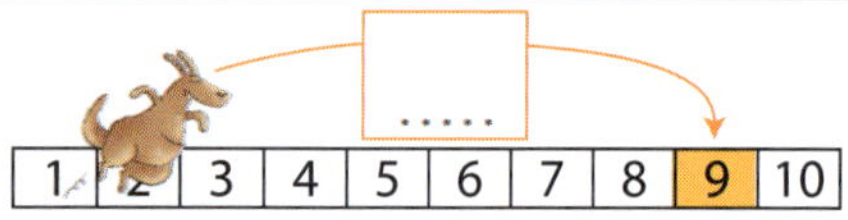

Calcul mental : Ajouter ou retrancher 1, ajouter ou retrancher 2. *Ex. : Donner un nombre ≤ 9. Les élèves ajoutent ou retranchent 1 ou 2 : 8 + 1 ; 6 – 2 ; 9 – 1.*

39 Dizaines et unités (2)

......	......	......	......	......

Compétence : Dénombrer une collection en utilisant le groupement en dizaine.

1

Entoure les unités ■ par 10.

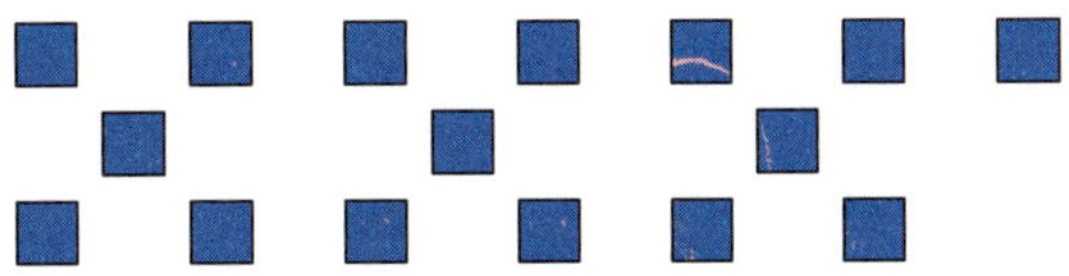

Il y a ..... dizaine

et ..... unités ■ seules.

Complète.

dizaine	unités seules
....	....

.... unités au total

2

Complète pour avoir 1 dizaine et 7 unités.

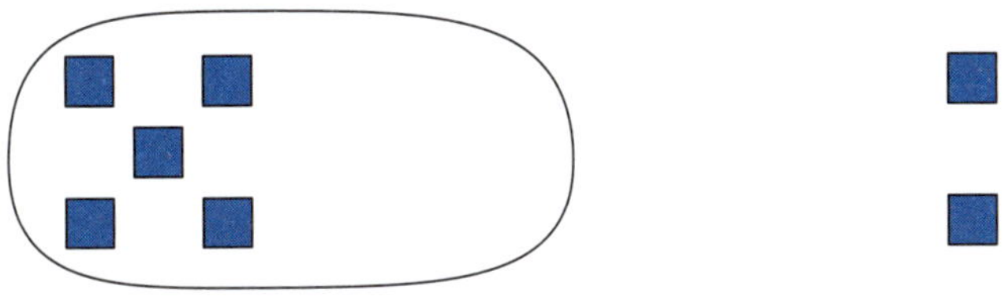

Il y a ..... dizaine

et ..... unités ■ seules.

Complète.

dizaine	unités seules
....	....

.... unités au total

3

Entoure chaque dizaine et **complète** le tableau.

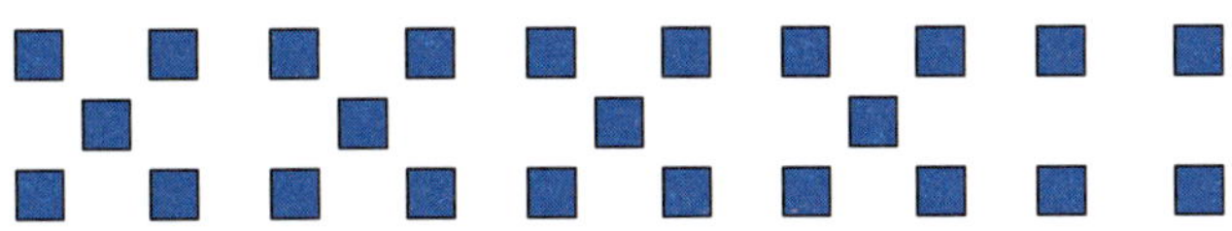

Il y a ..... dizaines

et ..... unités ■ seules.

dizaines	unités
....	....

.... unités au total

Litchi est sur la case 10. Il recule de 5 cases, puis de 2 cases. **Colorie** sa case d'arrivée.

1	2	3	4	5	6	7	8	9	10

Calcul mental : Additionner 2 nombres dont le total est ≤ 10. *Ex. : Écrire 2 nombres au tableau. Les élèves nomment l'addition et son résultat ou les écrivent.*

NOMBRES ET CALCULS

40 L'échange des unités en dizaine

Compétence : Effectuer des échanges d'unités de numération : 10 unités pour 1 dizaine.

1 Lilou échange 10 billes contre 1 calot.

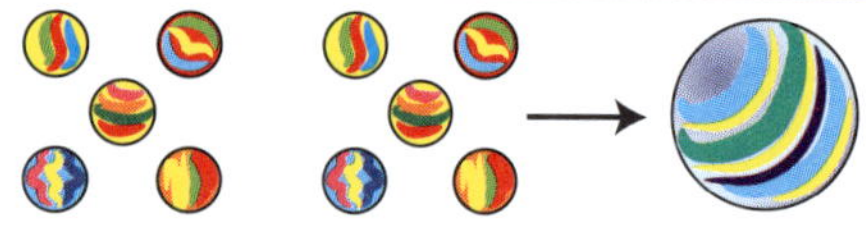

Dessine les calots que Lilou aura en échange de ses billes.

2 Mehdi échange 10 carrés-unités contre une barre-dizaine.

Complète l'échange que fait Mehdi.

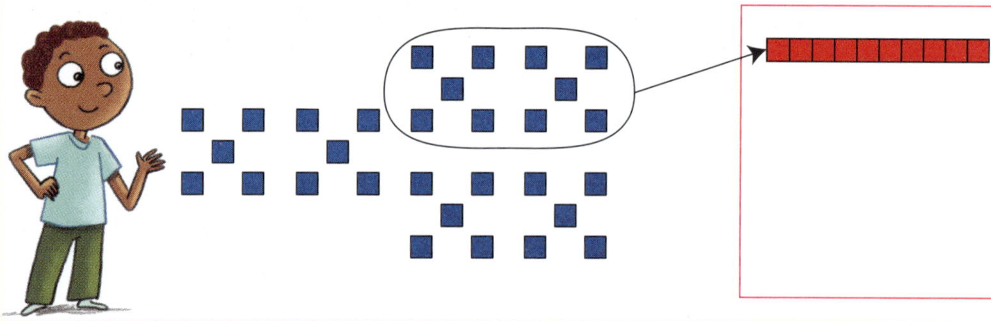

3 **Dessine** l'échange 10 unités contre 1 dizaine.

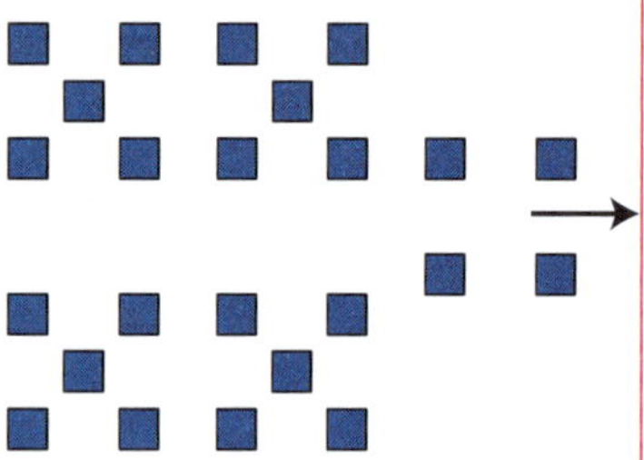

Complète le tableau.

dizaines	unités
....	....

De combien de cases Litchi avance-t-il ?
Complète.

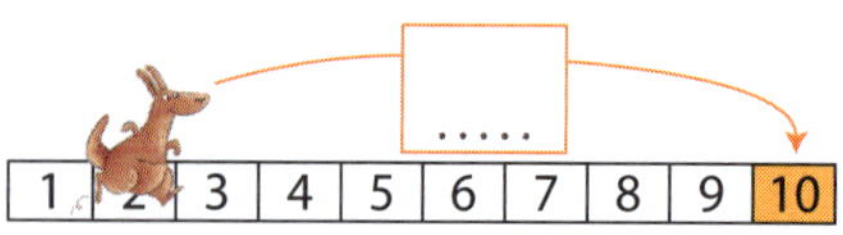

Calcul mental : Compter de 2 en 2 dans l'ordre décroissant à partir de 20, puis à partir de 19.

Tracés à la règle (3)

…… …… …… …… ……

Compétence : Utiliser la règle comme instrument de tracé de droites.

1 **Trace** à la règle la ligne droite entre chaque flèche et le centre de la cible.

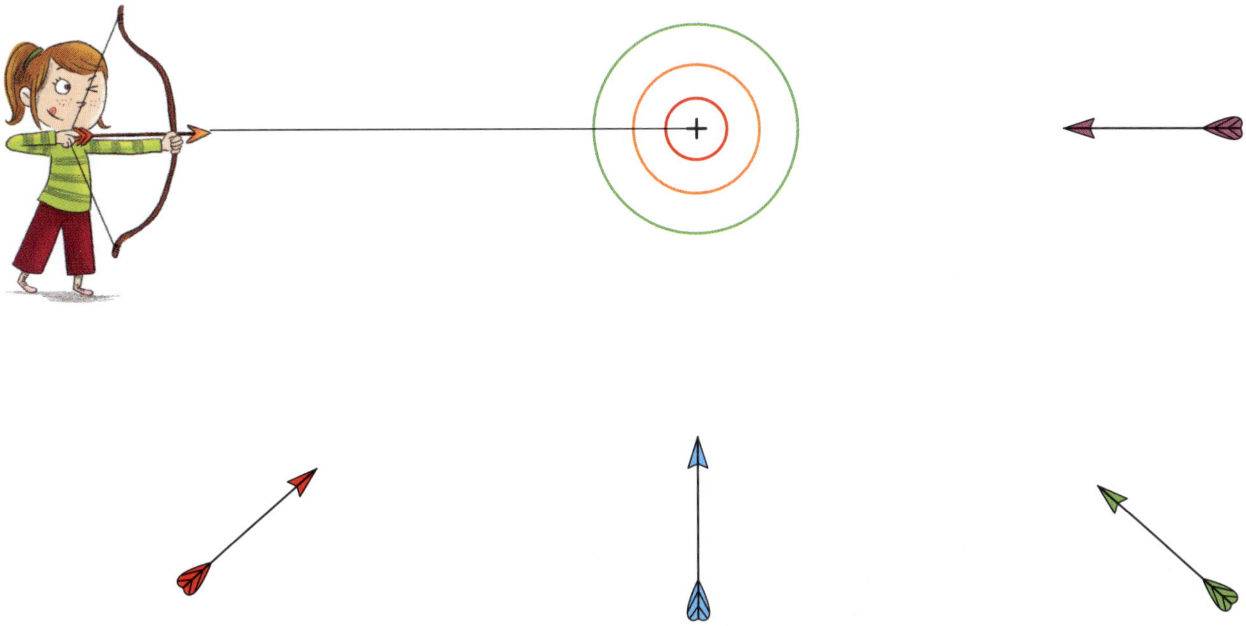

2 **Trace** à la règle le chemin de Mehdi pour aller à l'école, dans l'ordre des croix.

Calcul mental : Additionner 2 nombres dont le total est ≤ 10. *Ex. : Écrire 2 nombres au tableau. Les élèves nomment l'addition et son résultat ou les écrivent.*

Les nombres 11 et 12

....

Compétences : Dénombrer et constituer des collections de 11 ou 12 éléments en utilisant les groupements en dizaine.

1 Une équipe de football a 11 joueurs. **Barre** les joueurs en trop.

2 **Dessine** les œufs à ajouter pour remplir la boîte de 12 œufs.

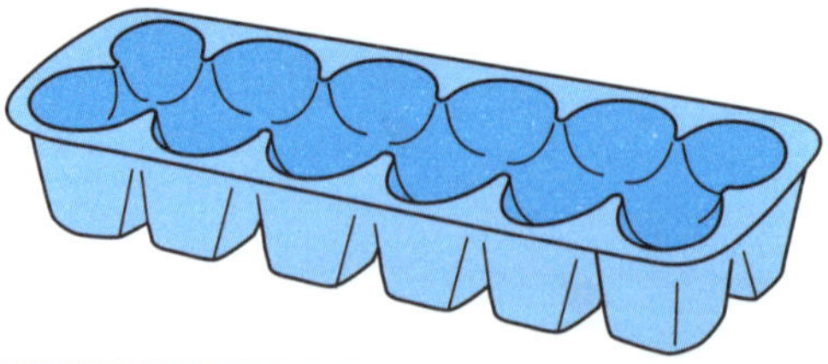

3 **Complète** les étapes.

Entoure les unités par 10.

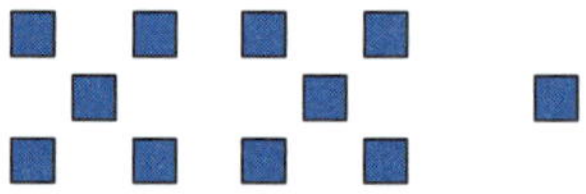

→ **Échange** 10 unités contre 1 dizaine.

→ **Complète** le tableau.

dizaine	unité
....	....

.... au total

4 **Complète** les étapes.

Dessine 12 unités.

→ **Échange** 10 unités contre 1 dizaine.

→ **Complète** le tableau.

d	u
....	....

12 au total

Litchi avance de 8 cases, puis recule de 2. **Colorie** sa case d'arrivée.

1	2	3	4	5	6	7	8	9	10	11	12	13	14	15

Calcul mental : Trouver le nombre qui suit un nombre donné. *Ex. : Écrire au tableau un nombre ≤ 11. Les élèves nomment ou écrivent le nombre qui suit.*

NOMBRES ET CALCULS

43

Comparaison des nombres de 0 à 12

......	......	......	......	......

Compétences : Comparer, ranger et encadrer les nombres de 0 à 12.

1 1 2 3 **Écris** le nombre de bonbons de Lilou et de Mehdi.
Entoure le plus grand des deux nombres.

....

2 1 2 3 **Écris** les nombres.
Entoure le plus grand des deux nombres.

....

3 **Entoure le plus petit** des deux nombres.

7	10	9	11
12	11	12	8

4 1 2 3 **Écris** le nombre qui est **entre**.

8	....	10
10	....	12
9	....	11

5 1 2 3 **Écris** les nombres dans l'ordre, **du plus petit au plus grand.**

9 – 12 – 8 – 10 – 11 – 7

....	....	9	....	....	....

Litchi recule de 6 cases.
Colorie sa case d'arrivée.

1	2	3	4	5	6	7	8	9	10	11	12	13	14	15

Calcul mental : Travailler la commutativité de l'addition. *Ex. : Énoncer 6 + 4, puis 4 + 6. Les élèves nomment ou écrivent le résultat.*

Décomposition des nombres 11 et 12

....

Compétences : Composer et décomposer sous forme additive les nombres 11 et 12 ; mémoriser les tables d'addition correspondantes.

1 1+2 **Calcule** le nombre total de croissants.

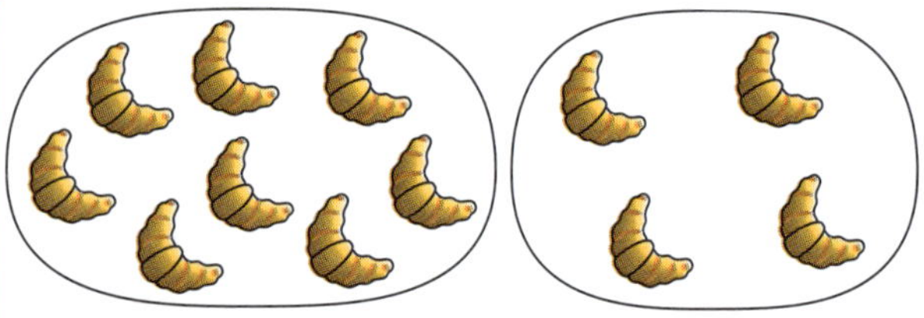

.... + ... = ...

+

=

2 1+2 **Calcule** le nombre total d'unités.

.... + ... = ...

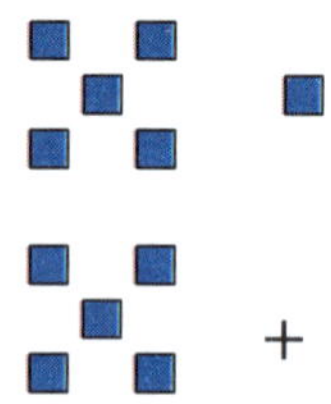

+

=

3 **Complète** la règle à calculer et les additions.

9 + 3 = ...

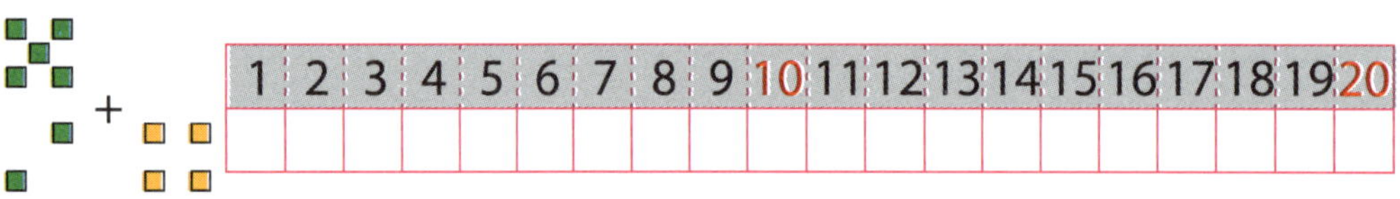

7 + 4 = ...

4 1+2 **Calcule** les additions.

6 + 6 = ...

10 + 1 = ...

10 + 2 = ...

4 + 8 = ...

123 **Écris** de combien de cases Litchi recule.

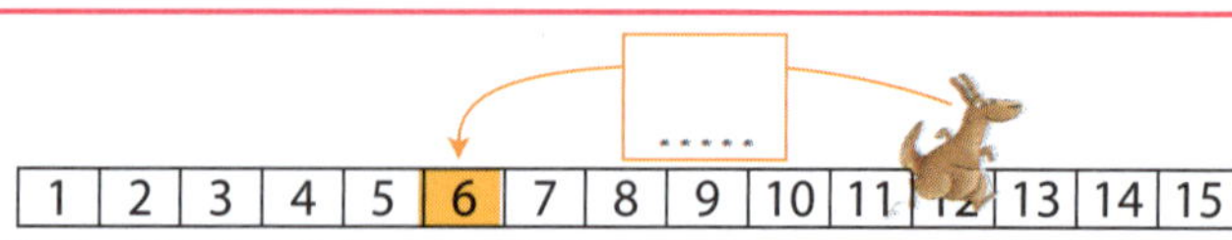

Calcul mental : Réciter la suite numérique dans l'ordre croissant, puis décroissant. *Ex. : Faire réciter la suite numérique dans l'ordre croissant le plus loin possible. Faire réciter dans l'ordre décroissant à partir de 12.*

NOMBRES ET CALCULS

Calcul réfléchi : les compléments à 10 (1)

....

Compétences : Organiser et traiter des calculs relevant de l'addition dont le résultat est > 10, en s'appuyant sur la droite graduée.

1 Que faut-il ajouter dans le paquet pour avoir 12 bonbons ?

Étape n° 1 : **Complète** avec des bonbons rouges pour avoir 10 bonbons.

J'ajoute ..... bonbons rouges pour aller à 10.

Étape n° 2 : **Complète** avec des bonbons jaunes pour avoir 12 bonbons.

J'ajoute ..... bonbons jaunes pour aller de 10 à 12.

Étape n° 3 : 123 **Compte** les bonbons rouges et jaunes.

Au total, j'ai ajouté ..... bonbons.

2 Les 13 poules marron et noires ont chacune un perchoir. 7 poules sont déjà rentrées. Combien de poules doivent encore arriver dans le poulailler ?

Dessine pour avoir 10 poules **marron**. **Dessine** les poules **noires**.

Complète les phrases.

J'ai d'abord dessiné ..... poules **marron**. J'ai dessiné ensuite ..... poules **noires**.

..... + ... = ... Au total, j'ai dessiné ..... poules.

3 Combien faut-il ajouter à 3 pour obtenir 12 ?

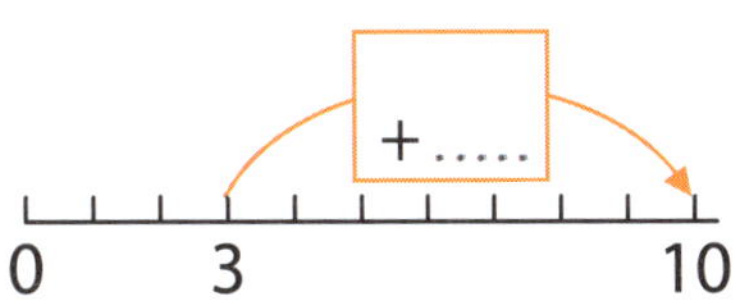

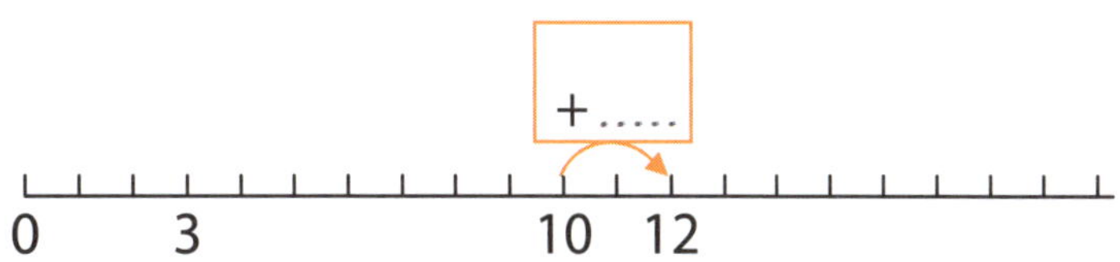

J'ajoute ..... pour aller à 10. J'ajoute ..... pour aller de 10 à 12.

..... + ... = ... Au total, j'ajoute ..... pour aller de 3 à 12.

Calcul mental : S'entraîner sur les compléments à 10. *Ex. : À l'aide des doigts, des constellations, des nombres écrits au tableau ou oralisés, les élèves nomment ou écrivent le complément à 10. L'écriture additive est notée au tableau.*

PROBLÈMES

46 Problèmes d'addition (2)

......	......	......	......	......

Compétence : Résoudre des problèmes conduisant à utiliser l'addition jusqu'à 12.

1 Pour la séance de gymnastique, Lilou porte 3 cerceaux et Mehdi porte 8 cerceaux.
Combien portent-ils de cerceaux à eux deux ?

Fais tes essais : dessine et calcule.

123 **Écris** et 1+2 **calcule** l'opération.

.... + ... = ...

abc **Écris** la réponse à la question.

Ils portent ...... cerceaux à eux deux.

2 Pour la bibliothèque de la classe, Lilou apporte 5 albums et Mehdi apporte 7 documentaires.
Combien de livres apportent-ils à eux deux ?

Fais tes essais.

123 **Écris** et 1+2 **calcule** l'opération.

.... + ... = ...

abc **Écris** la réponse à la question.

Lilou et Mehdi apportent ...... livres à eux deux.

Calcul mental : Additionner 2 nombres dont le total est ≤ 12. *Ex. : Énoncer 5 + 5 ; 7 + 5 ; 7 + 4. Les élèves nomment ou écrivent le résultat.*

47 Problèmes pour apprendre à chercher (1)

| ...... | ...... | ...... | ...... | ...... |

Compétence : S'engager dans une démarche de résolution de problème en émettant des hypothèses, en les testant, en essayant plusieurs pistes, en exposant sa démarche de recherche.

1 Le wagon du petit train a 4 places.

Dans le wagon :

- Paul s'assoit devant et à droite.
- Lilou s'assoit aussi à droite.
- Mehdi ne s'assoit pas à côté de Paul.
- Zoé s'assoit sur la place restante.

Écris le numéro de la place de chaque enfant.

Fais tes essais.

Paul n° .... Lilou n° .... Mehdi n° .... Zoé n° ....

2 Lilou réunit les fleurs de ces trois vases pour faire deux bouquets identiques.
Trouve le nombre de fleurs de chaque bouquet et **dessine**-les.

Calcul mental : Identifier les nombres manquants dans une suite numérique. *Ex. : Réciter la suite numérique en oubliant un nombre. Les élèves nomment ou écrivent le nombre manquant.*

NOMBRES ET CALCULS

La table d'addition jusqu'à 12

......	......	......	......	......

Compétence : Mémoriser des faits numériques : les tables d'addition (résultat ≤ 12).

1 **Complète** la table d'addition de Mehdi. Tu peux utiliser la règle à calculer.

+	1	2	3	4	5	6
1	2	....	4	....	6	....
2	....	....	....	....	....	....
3	....	5	....	....	....	....
4	....	....	....	....	....	....
5	....	....	....	....	....	....
6	7	....	....	....	....	12

2 **Complète** en cherchant dans la table d'addition.

3 + 2 = ...
2 + 3 = ...

4 + 5 = ...
5 + 4 = ...

6 + 4 = ...
4 + 6 = ...

5 + 3 = ...
3 + 5 = ...

Trouve d'autres exemples.

...... + 5 = 11
5 + ... = 11

...... + ... = 6
...... + ... = 6

3 **Complète**.

4 + 2 = 2 + ...
5 + 2 = ... + 5

6 + ... = 3 + 6
...... + 4 = 4 + 3

Litchi avance de 5 cases.
Colorie sa case d'arrivée.

1	2	3	4	5	6	7	8	9	10	11	12	13	14	15

Calcul mental : Trouver un nombre plus grand qu'un nombre donné. *Ex. : Donner le nombre 9. Les élèves écrivent un nombre plus grand. Constater la multiplicité des possibilités.*

Bilan 3

Calcul mental

....	....	....	....	....	....

1 **Entoure** lorsqu'il y a une dizaine et 123 **écris** le nombre dans le tableau.

.... oursons

dizaine d'oursons	oursons seuls unités
....	....

2 **Complète** les additions.

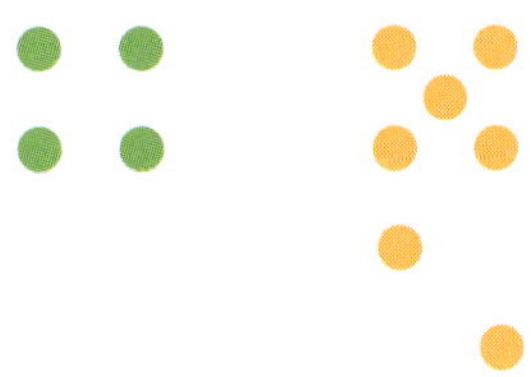

.... + ... = ...

....
\+ ....
= ....

3 **Entoure** le plus petit des deux nombres.

11	12
12	8
11	9
10	12

4 **Complète** les additions.

6 + 6 = ...

2 + ... = 10

4 + 3 = ...

5 + ... = 10

5 **Complète** les additions en utilisant le complément à 10.

6 + ... = 10

6 + ... + ... = 12

4 + ... = 10

4 + ... + ... = 12

6 **Trace** à la règle le trajet de la fusée dans l'ordre des points.

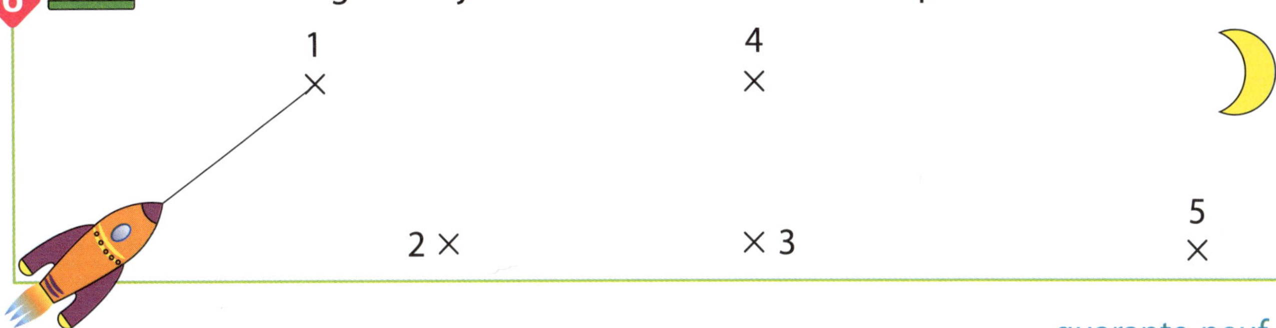

50 La soustraction (1)

......	......	......	......	......

Compétence : Découvrir le sens de la soustraction (le reste après un retrait) et du signe –.

1 **Barre** les 2 bonbons que Mehdi a mangés.

Calcule la soustraction.

9 – 2 = ...

2 **Barre** les 3 pions que Lilou a perdus.

Complète la soustraction et **calcule**-la.

8 – .... = ...

3 **Barre** les 5 poules que le renard a mangées.

Complète la soustraction et **calcule**-la.

.... – .... = ...

Litchi recule de 6 cases.
Colorie sa case d'arrivée.

1	2	3	4	5	6	7	8	9	10	11	12	13	14	15

Calcul mental : S'entraîner sur les compléments à 10. *Ex. : À l'aide des doigts, des constellations, des nombres écrits au tableau ou oralisés, les élèves nomment ou écrivent le complément à 10. L'écriture additive est notée au tableau.*

La soustraction (2)

....	....	....	....	....

Compétence : Découvrir le sens de la soustraction (la différence entre 2 quantités) et du signe –.

1 Combien manque-t-il de canards pour en avoir autant que de lapins ?

lapins – canards

.... – .... = ...

2 Combien manque-t-il de pions blancs pour en avoir autant que de pions **noirs** ?

pions **noirs** – pions blancs

.... – .... = ...

3 2-1 **Calcule** la différence entre la barre 8 et la barre 6.

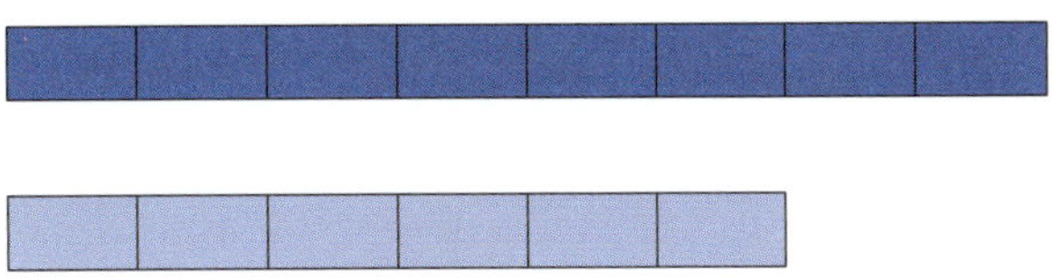

8 – .... = ...

4 2-1 **Calcule** les soustractions.

6 – 3 = ...

7 – 6 = ...

9 – 4 = ...

Litchi recule de 6 cases.
Colorie sa case d'arrivée.

1	2	3	4	5	6	7	8	9	10	11	12	13	14	15

Calcul mental : Résoudre un problème additif simple. *Ex. : « Mehdi a 7 bonbons dans son paquet. Son frère lui en donne 6. Combien en a-t-il maintenant ? » Les élèves proposent et discutent leurs solutions.*

Les nombres de 13 à 16

......	......	......	......	......

Compétences : Dénombrer et constituer des collections de 13 à 16 éléments en utilisant les groupements en dizaine.

1 Il y a autant de cailloux que de moutons dans le pré.

Écris le nombre.

....

Dessine les moutons qui manquent.

2 Lilou et Mehdi devaient grouper par 10 et écrire le nombre de cailloux.

Corrige l'erreur de Lilou.

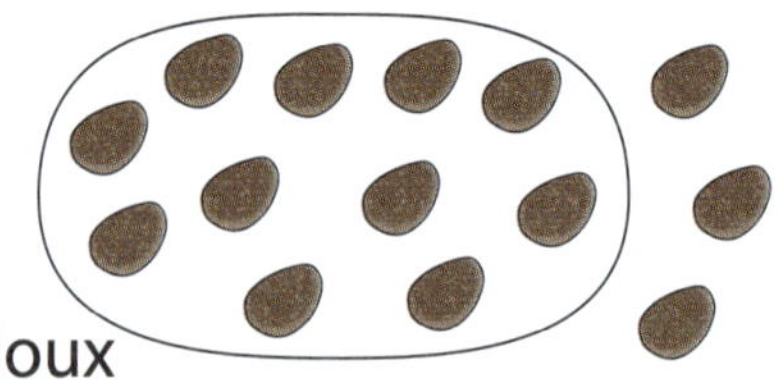

14 cailloux

Corrige l'erreur de Mehdi.

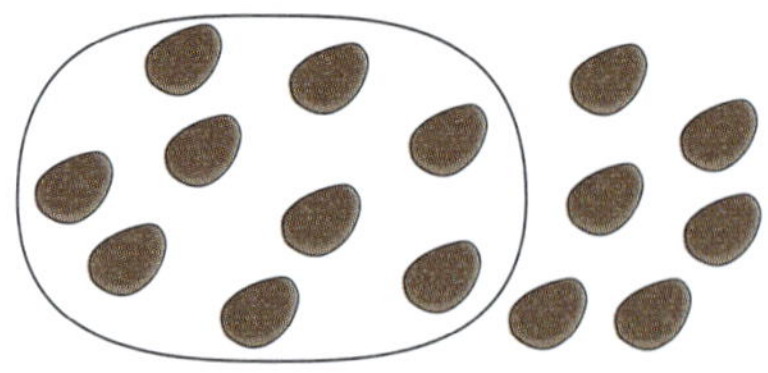

15 cailloux

3 **Écris** le nombre d'unités.

Entoure par 10.

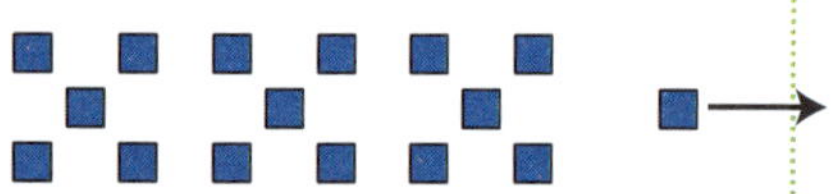

Échange 10 carrés-unités contre 1 barre-dizaine.

Écris le nombre dans le tableau.

dizaine	unités
....	....

4 **Complète** la règle à calculer et les additions.

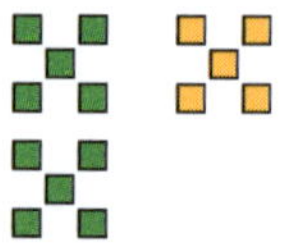

1	2	3	4	5	6	7	8	9	10	11	12	13	14	15	16	17	18	19	20

10 + 5 = ...

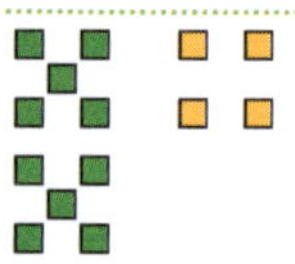

1	2	3	4	5	6	7	8	9	10	11	12	13	14	15	16	17	18	19	20

10 + 4 = ...

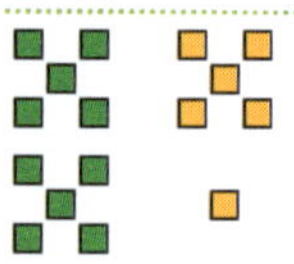

1	2	3	4	5	6	7	8	9	10	11	12	13	14	15	16	17	18	19	20

10 + 6 = ...

Écris les nombres manquants.

1	2	…	4	…	…	…	8	…	10

Calcul mental : S'entraîner sur les compléments à 10. *Ex. : Énoncer 5 + ? = 10 ; 3 + ? = 10 ; ? + 4 = 10 ; etc. Les élèves nomment ou écrivent le complément à 10.*

Comparaison des nombres de 0 à 16

......	......	......	......	......

Compétences : Comparer, encadrer et ranger les nombres de 0 à 16.

1 **Complète** et **compare** avec *plus grand* ou *plus petit.*

.... *est* .... *que* ....

2 123 **Écris** les nombres et **compare** avec *plus grand* ou *plus petit.*

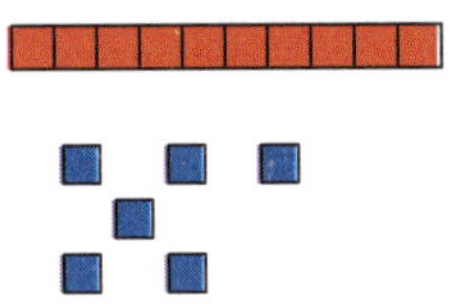

.... *est* .... *que* ....

3 **Entoure** le plus grand des deux nombres.

15	12
8	16
13	14

4 123 **Écris** le nombre qui est **entre**.

13	....	15
12	....	14
14	....	16

5 123 **Écris** les nombres **du plus petit au plus grand** sur les wagons.

~~10~~ 13 11 15 14 12 16

123 **Écris** les nombres manquants.

15	...	13	...	11	...	9	...	7	...

Calcul mental : Ajouter ou retrancher 1 d'un nombre ≤ 16. *Ex. : Dire ou écrire 12 + 1 ; 16 – 1 ; 14 + 1 ; etc.*
Les élèves nomment ou écrivent le résultat.

Découverte de la monnaie

......	......	......	......	......

Compétences : Identifier les espèces de grandeurs : les prix ; connaître l'unité usuelle : l'euro ; estimer le prix d'un objet.

1 **Relie** avec ta règle chaque objet à son prix en euros.

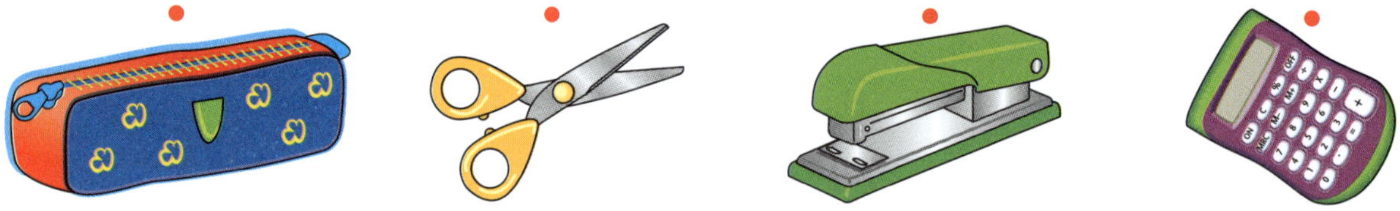

2 euros — 1 euro — 10 euros — 5 euros

2 **Écris** la somme en euros.

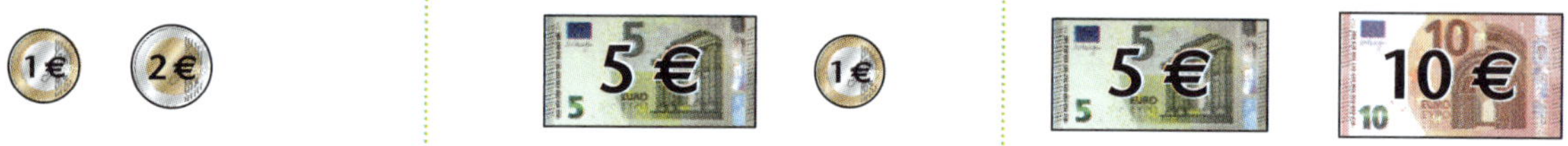

.... € — .... € — .... €

3 **Dessine** les pièces ou les billets nécessaires pour acheter la poupée.

16 €

4 **Dessine** les pièces pour que le total ait la même valeur que chaque billet.

Litchi avance de 8 cases, puis recule de 2. **Colorie** sa case d'arrivée.

1	2	3	4	5	6	7	8	9	10	11	12	13	14	15

Calcul mental : Résoudre des problèmes soustractifs simples. *Ex. : Énoncer : « Mehdi a 9 billes. Il en perd 5. Combien lui en reste-t-il ? » ; « Je suis sur le nombre 9 et je recule de 4 cases. Où dois-je me placer ? » Les élèves proposent et discutent leurs solutions.*

Le nombre ordinal

......	......	......	......	......

Compétences : Repérer un rang dans une liste ; faire le lien entre le rang et le nombre d'éléments qui le précèdent.

1 **Colorie** le maillot des coureurs sur le podium.

2 **Entoure** le chien qui est entre le 3e et le 5e chien.

3 **Dessine** les objets à leur place.

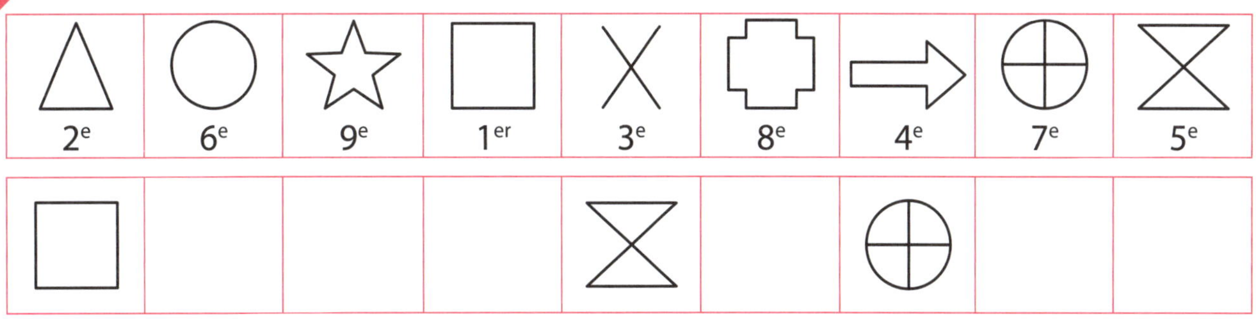

4 **Barre** les maisons qui sont avant la 8e maison.

1re 2^{e}

Complète la phrase.

Il y a ..... maisons avant la 8e maison.

Calcul mental : Lire et écrire des nombres ≤ 16. *Ex. : Montrer des nombres ≤ 16 écrits en lettres. Les élèves lisent les nombres, puis les écrivent en chiffres.*

Décomposition des nombres de 13 à 16

....

Compétences : Composer et décomposer sous forme additive les nombres de 13 à 16 ; mémoriser les tables d'addition correspondantes.

1 Lilou a invité 9 filles et 4 garçons. 1+2 **Calcule** l'addition.

.... + ... = ...

filles .
garçons + .
= . .

2 1+2 **Calcule** l'addition.

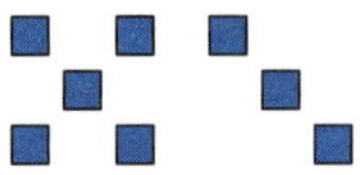

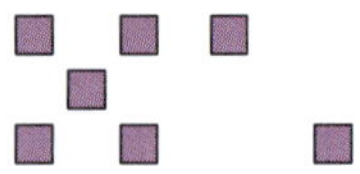

.... + ... = ...

■ .
■ + .
= . .

3 1+2 **Calcule**, puis **colorie** la règle à calculer.

5 + 8 = ...

1	2	3	4	5	6	7	8	9	10	11	12	13	14	15	16	17	18	19	20

8 + 8 = ...

1	2	3	4	5	6	7	8	9	10	11	12	13	14	15	16	17	18	19	20

6 + 9 = ...

1	2	3	4	5	6	7	8	9	10	11	12	13	14	15	16	17	18	19	20

4 1+2 **Calcule** les additions.

9 + 5 = ... | 8 + 6 = ... | 7 + ... = 15

9 + 7 = ... | 7 + 7 = ... | 8 + ... = 13

1 2 3 **Écris** les nombres manquants.

16	...	14	...	12	...	10	...	8	...

Calcul mental : Trouver la valeur d'une transformation. *Ex. : « Combien faut-il ajouter à 5 pour aller à 9 ? et à 7 pour aller à 12 ? » Les élèves répondent par une phrase complète : « Il faut 4 pour aller de 5 à 9. » Ils écrivent le résultat.*

57 Calcul réfléchi : les compléments à 10 (2)

Compétence : Utiliser une stratégie de calcul d'une addition en s'appuyant sur le complément à 10.

1 **Dessine** les 7 œufs à ajouter.
Complète d'abord la 1re boîte de 10.

Complète avec le nombre d'œufs que tu as ajouté par boîte.

1re boîte : .... œufs
2nde boîte : .... œufs

8 + ... + ... = ...

Au total, les deux boîtes contiennent .... œufs.

2 **Dessine** 9 pions bleus supplémentaires.
Complète d'abord la 1re barre de 10.

Complète avec le nombre de pions ajouté par barre.

1re boîte : .... pions
2nde boîte : .... pions

4 + ... + ... = ...

Il y a .... pions au total.

3 Litchi ajoute 7 au nombre 8. Sur quel nombre arrive-t-il ?

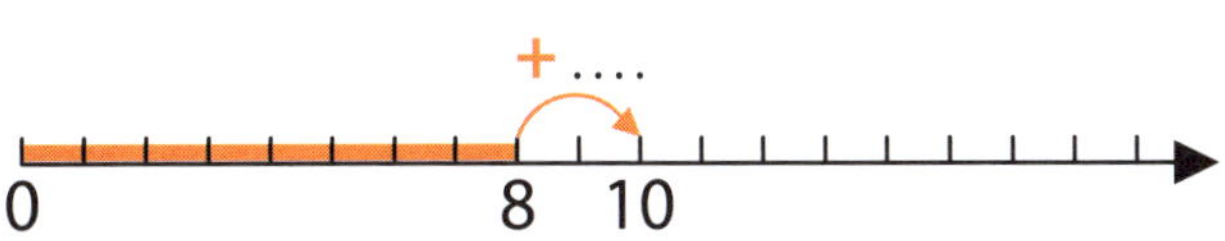

1er saut :
Il faut ajouter ..... pour aller de 8 à 10.

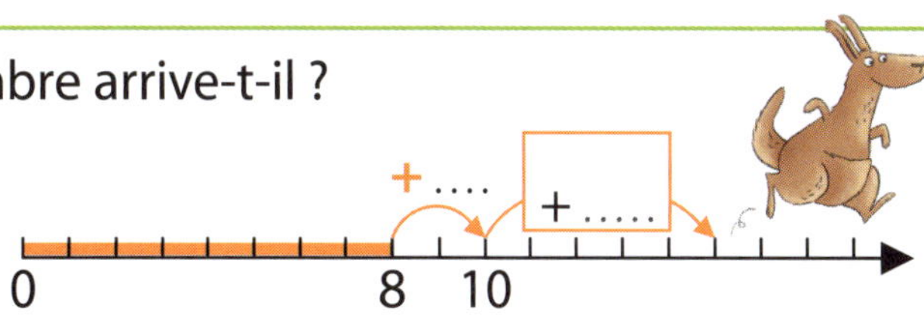

2nd saut :
Il faut encore ajouter ..... .

8 + ... + ... = ...

Litchi arrive sur le nombre ....

Calcul mental : Décomposer les nombres de 13 à 16. *Ex. : Dire ou écrire 10 + … = 15 ; 16 = 10 + … ; 14 = 10 + … ; etc. Les élèves nomment le résultat ou l'écrivent.*

Les nombres de 17 à 19

Compétences : Dénombrer des collections de 17 à 19 éléments en utilisant les groupements en dizaine ; associer les noms des nombres à leurs écritures chiffrées.

1 Mehdi a trois collections : des petites voitures, des chats et des coquillages.
Entoure chaque dizaine d'objets et **écris** le nombre d'objets de chaque collection.

.... coquillages

.... chats

.... voitures

2 **Complète** la règle à calculer et **calcule** les additions.

1	2	3	4	5	6	7	8	9	10	11	12	13	14	15	16	17	18	19	20

10 + 7 = ...

dix-sept

1	2	3	4	5	6	7	8	9	10	11	12	13	14	15	16	17	18	19	20

10 + 9 = ...

..........-..........

3 Lilou connaît les numéros des services d'urgence.

le quinze : le SAMU

le dix-sept : la police

le dix-huit : les pompiers

Relie le numéro et le service d'urgence.

15 •

17 •

18 •

Colorie la case qui correspond à 9 + 5.

1	2	3	4	5	6	7	8	9	10	11	12	13	14	15	16

Calcul mental : Calculer des petites sommes avec la monnaie. *Ex. : « Tu as 7 € ; je t'en donne 9. Quelle somme d'argent as-tu maintenant ? » ; « Lilou achète un ballon à 5 € et des bonbons pour 4 €. Combien dépense-t-elle ? »* Les élèves proposent leurs solutions et les discutent.

Décomposition des nombres de 17 à 19

....	....	....	....	....

Compétences : Composer et décomposer sous forme additive les nombres de 17 à 19 ; mémoriser les tables d'addition correspondantes.

1 1+2 **Calcule** l'addition des deux groupes de vaches.

.... + ... = ...

. + . = . .

2 1+2 **Calcule** l'addition.

.... + ... = ...

. + . = . .

3 **Colorie** l'addition sur la règle à calculer et 1+2 **calcule**.

9 + 8 = ...

1	2	3	4	5	6	7	8	9	10	11	12	13	14	15	16	17	18	19	20

4 **Complète** les additions.

9 + ... = 17

8 + ... = 18

10 + ... = 19

.... + 10 = 18

.... + 10 = 17

.... + 9 = 18

Litchi avance de 3 cases, puis de 5.
Colorie sa case d'arrivée.

1	2	3	4	5	6	7	8	9	10	11	12	13	14	15	16

Calcul mental : Ajouter ou retrancher 2 à un nombre inférieur ou égal à 16. *Ex. : Dire ou écrire 10 + 2 ; 14 – 2 ; 11 – 2 ; etc.*

Les signes > et <

……	……	……	……	……

Compétences : Comprendre et utiliser les signes représentant les relations entre les nombres : > et <.

1 Observe.

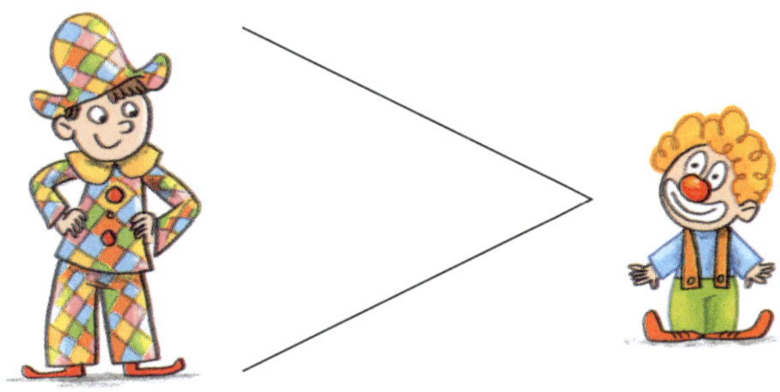

est plus grand que

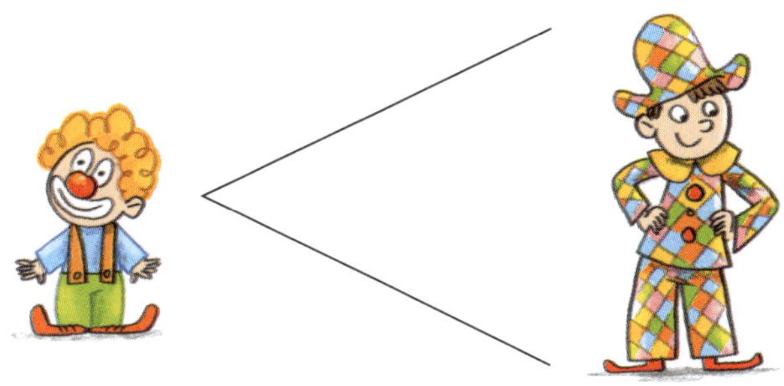

est plus petit que

2 Écris > ou < entre les deux animaux et entoure la bonne réponse.

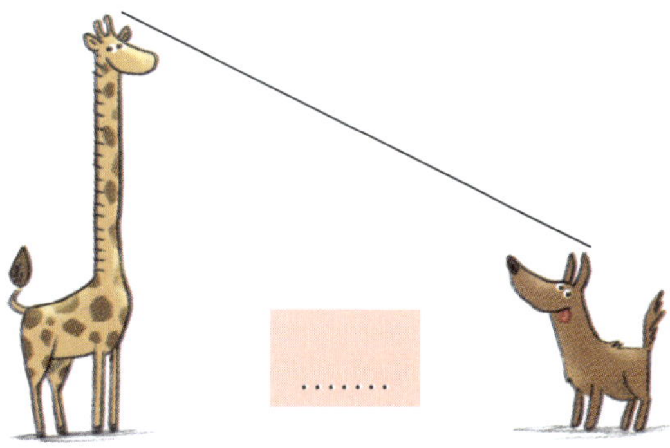

La girafe est (plus petite que / plus grande que) le chien.

La souris est (plus petite que / plus grande que) le chat.

3 Écris les nombres et > ou <.

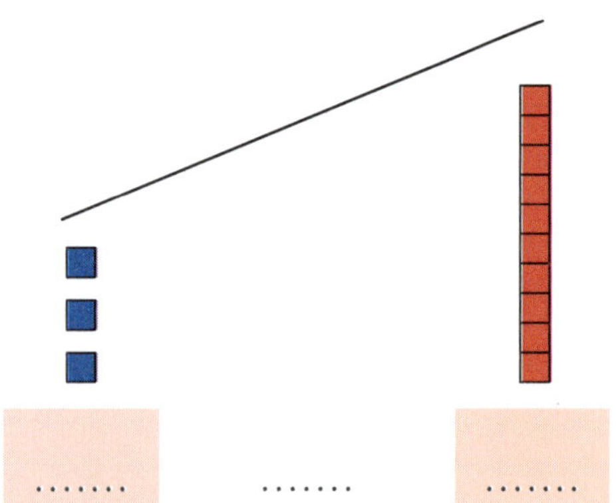

……. ……. …….

4 Écris > ou < entre les nombres.

9 ……. 5

6 ……. 8

10 ……. 12

14 ……. 11

13 ……. 17

Compte de 2 en 2 à partir de 2.

2	4	6	…	…	…	…	…	…	20

Calcul mental : Trouver la valeur d'une transformation. *Ex. : « Combien faut-il ajouter à 2 pour arriver à 5 ? et à 5 pour arriver à 11 ? » Les élèves répondent par une phrase complète.*

Comparaison des nombres de 0 à 19

......	......	......	......	......

Compétences : Comparer, encadrer et ranger les nombres de 0 à 19 en utilisant les signes < et >.

1 Le mercredi, Mehdi fait du ping-pong.
Compare le nombre de balles et le nombre de raquettes.

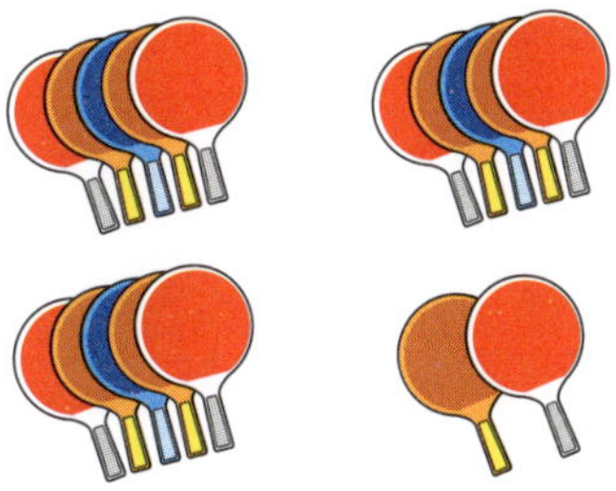

> ou <

....

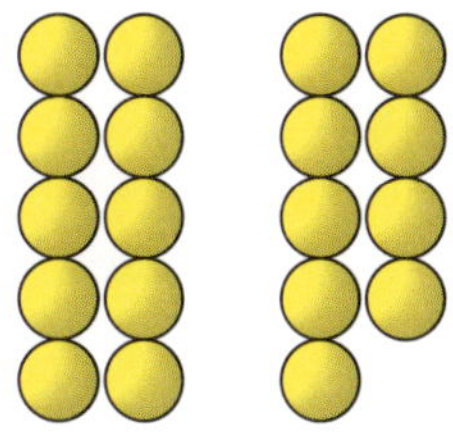

2 **Complète** avec > ou <.

....

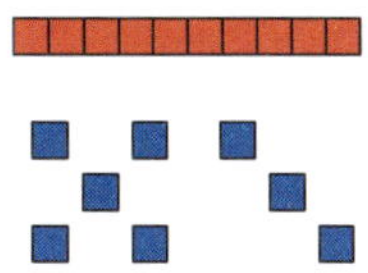

19

....

3 **Complète** avec > ou <.

12 19

18 14

19 18

4 **Écris** le nombre qui est **entre**.

16	....	18
18	....	20
17	....	19

5 **Range** les nombres du plus grand au plus petit.

15 19 16 18 17

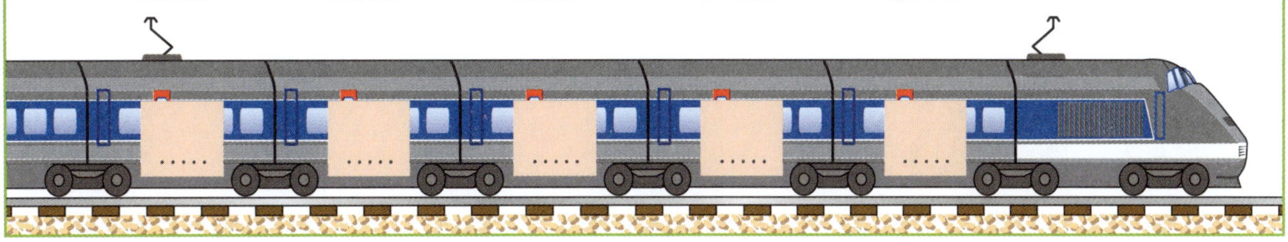

....

Compte de 2 en 2 à partir de 1.

1	3	5	...	...	...	...	...	...	...

Calcul mental : Trouver les compléments aux nombres de 11 à 19 en appui sur 10. *Ex. : « Que faut-il ajouter à 10 pour avoir 17 ? » Faire de même avec 18, 16, 14.*

62

ESPACE ET GÉOMÉTRIE

Repérage des cases d'un quadrillage

....

Compétences : Se repérer dans un quadrillage ; coder et décoder les cases d'un quadrillage.

1 **Colorie** les cases comme dans le petit quadrillage.

2 **Écris** le code des cases du quadrillage où sont rangés les objets.

	1	2	3	4	5	6
A						
B						
C						
D						
E						
F						

	Ligne	Colonne
	B	2
	....	....
	....	....
	....	....
	....	....

3 **Colorie** les cases du quadrillage en respectant le code et la couleur.

Code	Couleur
E 6	
B 3	
A 2	
C 5	
F 4	

	1	2	3	4	5	6
A						
B						
C						
D						
E						
F						

Calcul mental : Compter de 2 en 2 dans l'ordre croissant. *Ex. : Faire réciter la suite numérique de 2 en 2 à partir de 2 jusqu'à 20. Faire de même en partant de 1 jusqu'à 19.*

Bilan 4

Calcul mental

....

1 **Entoure** les bonshommes de neige par 10 et 123 **écris** leur nombre.

....

Complète pour que chaque bonhomme de neige ait une boule.

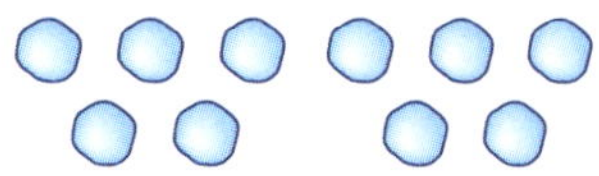

10 + ... = ...

2 **Colorie** le 6e coureur et **complète**.

.... coureurs sont arrivés avant lui.

3 **Complète** avec < ou >.

19 17

16 13

10 12

11 15

4 **Dessine** le moins de billets et de pièces possible pour acheter le jouet.

17 €

5 2 – 1 **Calcule** les soustractions.

8 – 3 = ...

9 – 5 = ...

6 – 4 = ...

6 abc **Écris** les codes des cases coloriées.

	1	2	3	4	5
A					
B					
C					
D					
E					

....

....

....

Les nombres de 20 à 29

......	......	......	......	......

Compétences : Dénombrer des collections de 20 à 29 éléments en utilisant les groupements en dizaine ; associer les noms des nombres à leurs écritures chiffrées, dont la décomposition additive.

1 Combien y a-t-il de nains ? **Entoure** par 10, **complète** et **calcule** l'addition.

10 + ... + ... = ...

2 **Regroupe** les pièces par 10 et **écris** la somme totale.

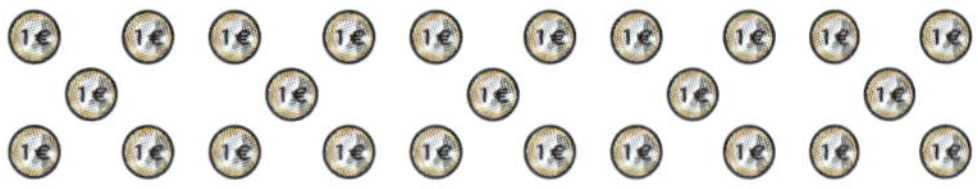

.... euros

Entoure la même somme en billets.

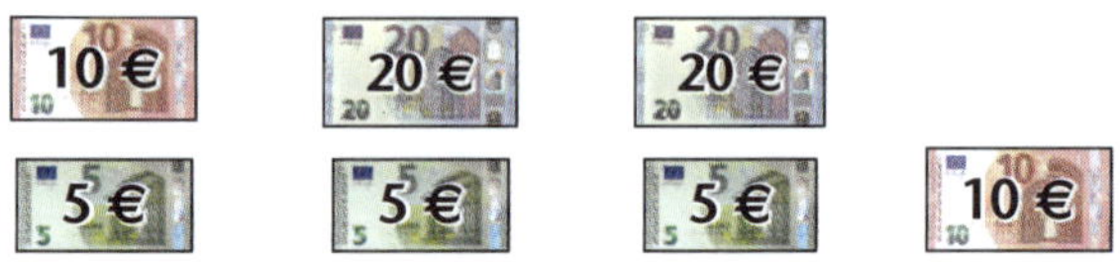

Écris la somme :

• en lettres : .... - ....

• en chiffres : ....

3 **Entoure** les groupes de 10 unités et **échange** contre des barres-dizaines.

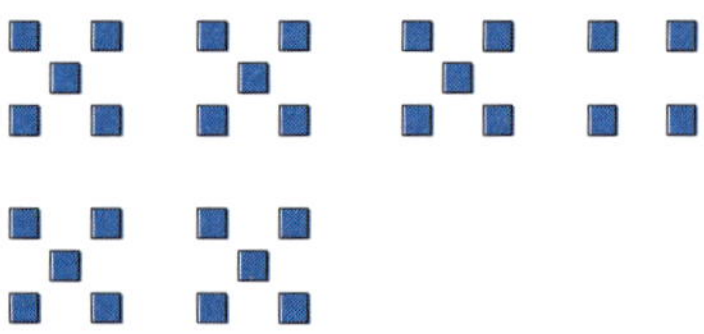

→

Écris le nombre :

• en chiffres : ....

• en lettres : .... - ....

4 **Relie**.

20 + 8 •	• 21 •	• vingt-huit
20 + 1 •	• 24 •	• vingt et un
20 + 4 •	• 28 •	• vingt-quatre

Colorie la case qui correspond au résultat de 9 + 8.

12	13	14	15	16	17	18	19	20

Calcul mental : S'entraîner sur les répertoires additifs de 2 et de 3. *Ex. : Énoncer des additions ; les élèves écrivent les résultats.*

Comparaison des nombres de 0 à 29

......	......	......	......	......

Compétences : Comparer et ranger les nombres de 0 à 29.

1 **Entoure** chaque dizaine d'animaux.

animaux sauvages

animaux domestiques

Compare les nombres des deux groupes d'animaux avec > ou <.

animaux sauvages .... animaux domestiques

2 **Compare** les deux nombres avec > ou <.

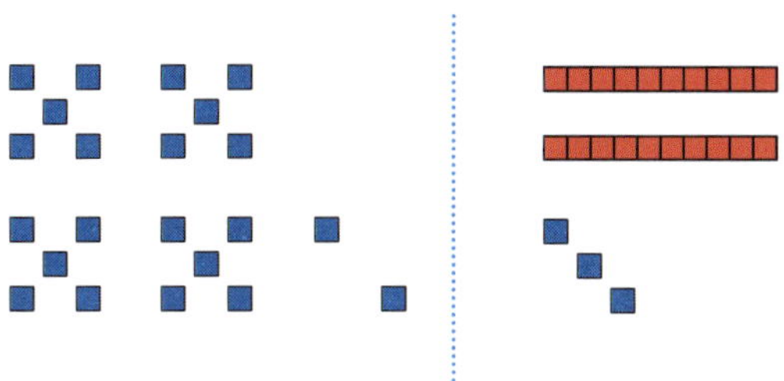

....

3 **Compare** les deux nombres avec > ou <.

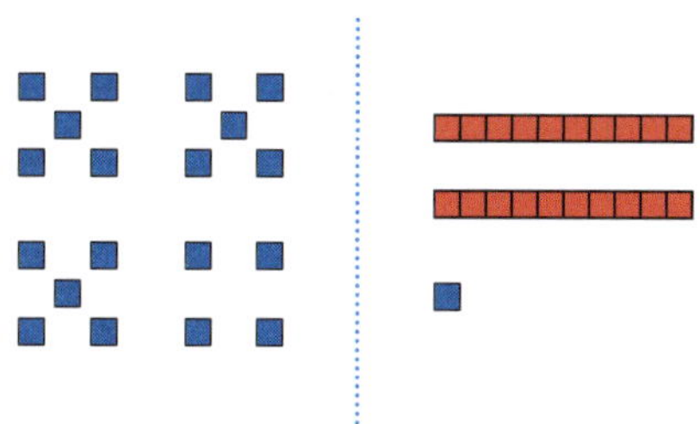

....

4 **Écris** les nombres dans l'ordre croissant.

23 – 27 – 21 – 29 – 25

....	....	....	....	....

5 **Compare** les nombres avec > ou <.

26 24

29 16

27 28

13 21

24 19

19 22

Écris la suite des nombres.

8	9	...	...	...	...	...	...	...	...	...	...	...	...

Calcul mental : S'entraîner sur les décompositions additives de 10 et sur les compléments à 10. *Ex. : Énoncer : 7 + 3 ; 2 + 8 ; etc. Puis 3 + ? = 10 ; 8 + ? = 10 ; etc. Les élèves nomment ou écrivent le nombre.*

Problèmes sur différents supports (1)

....	....	....	....	....

Compétence : Exploiter des données numériques présentées de diverses manières (dessin, tableau) pour répondre à des questions.

1 Lilou et Mehdi offrent des fleurs à la maîtresse.

....  ....

....  ....

• Combien la maîtresse va-t-elle avoir de fleurs rouges ?

Écris et **calcule** l'opération. .... = ...

• Combien la maîtresse va-t-elle avoir de fleurs bleues ?

Écris et **calcule** l'opération. .... = ...

Écris la réponse aux questions.

La maîtresse va avoir .... rouges et .... bleues.

2 Léo et Jade offrent des fleurs à la maîtresse.
Calcule le nombre de fleurs rouges et le nombre de fleurs bleues, puis **complète** le tableau.

	Léo	Jade	Total
Rouges	9	7	....
Bleues	8	9	....

Écris la réponse.

La maîtresse va avoir .... rouges et .... bleues.

Calcul mental : Résoudre des problèmes additifs simples de type $a + ? = c$ et $? + b = c$. *Ex. : « Mehdi a des petites voitures. Son papa lui en achète 3 ; il en a maintenant 7. Combien en avait-il au départ ? »*

Problèmes sur différents supports (2)

....

Compétence : Exploiter des données numériques présentées de diverses manières (dessin, schéma) pour répondre à des questions.

1 Lilou et Mehdi mettent leurs poissons rouges dans le même aquarium. Combien en ont-ils en tout ?

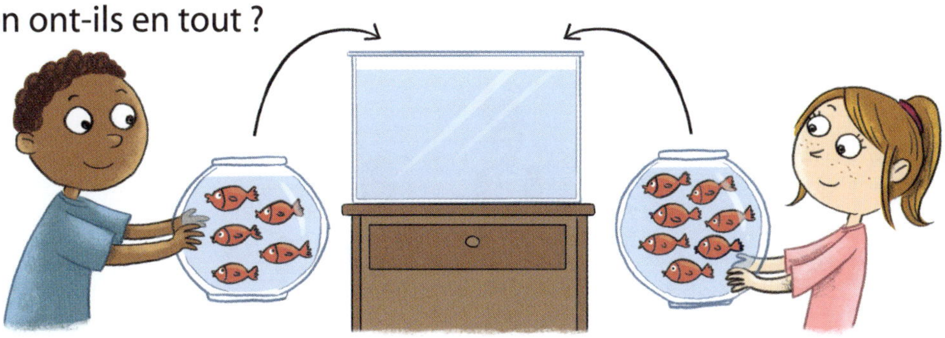

Écris et **calcule** l'opération.

.... = ...

Écris la réponse à la question.

Lilou et Mehdi ont .... poissons rouges en tout.

2 **Complète** le nouveau problème de Lilou et Mehdi.

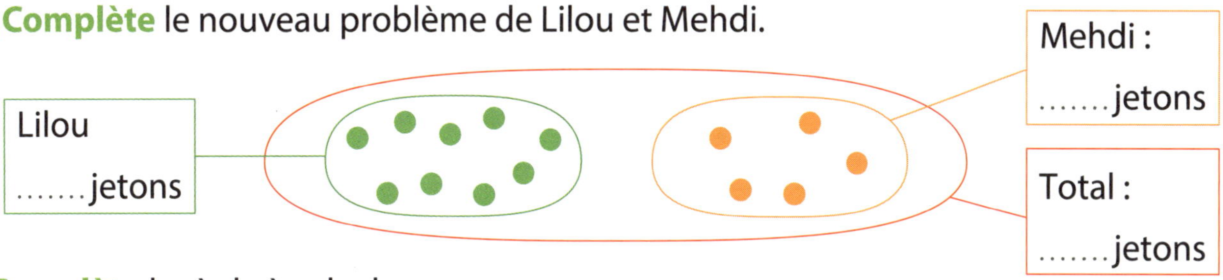

Complète la règle à calculer.

1	2	3	4	5	6	7	8	9	10	11	12	13	14	15	16	17	18	19	20

Lilou Mehdi

Écris la réponse.

Lilou et Mehdi ont .... jetons en tout.

Écris la suite des nombres.

17	16	15	...	...	...	...	...	...	...	...	...	...	...

Calcul mental : Écrire des nombres ≤ 29. *Ex. : Dicter un nombre ; les élèves l'écrivent.*

68 Alignements

ESPACE ET GÉOMÉTRIE

…… …… …… …… ……

Compétence : Utiliser la règle pour repérer ou produire des alignements.

1 **Trace** la ligne droite qui joint les 2 points rouges.
Barre les soldats qui ne sont pas alignés sur la ligne droite.

2 **Trace** les lignes droites de couleur uniquement si les 4 points sont alignés.

3 **Trace** :
- en bleu 1 ligne droite joignant 3 points alignés ;
- en rouge 1 ligne droite joignant 4 points alignés.

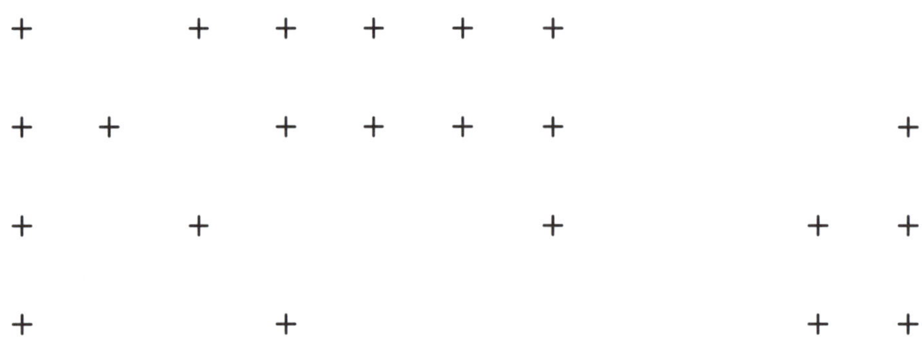

Calcul mental : Identifier le chiffre des dizaines et le chiffre des unités dans un nombre ≤ 29. *Ex. : Énoncer un nombre et demander son chiffre des dizaines ; les élèves l'écrivent. Énoncer un nombre et demander son chiffre des unités ; les élèves l'écrivent.*

Le carré, le rectangle et le triangle (1)

Compétences : Reconnaître et nommer des figures usuelles : le carré, le rectangle et le triangle.

Observe ces figures.

carré rectangle triangle

1 **Colorie** les **carrés** en bleu. Tu peux vérifier avec le gabarit du matériel page 5.

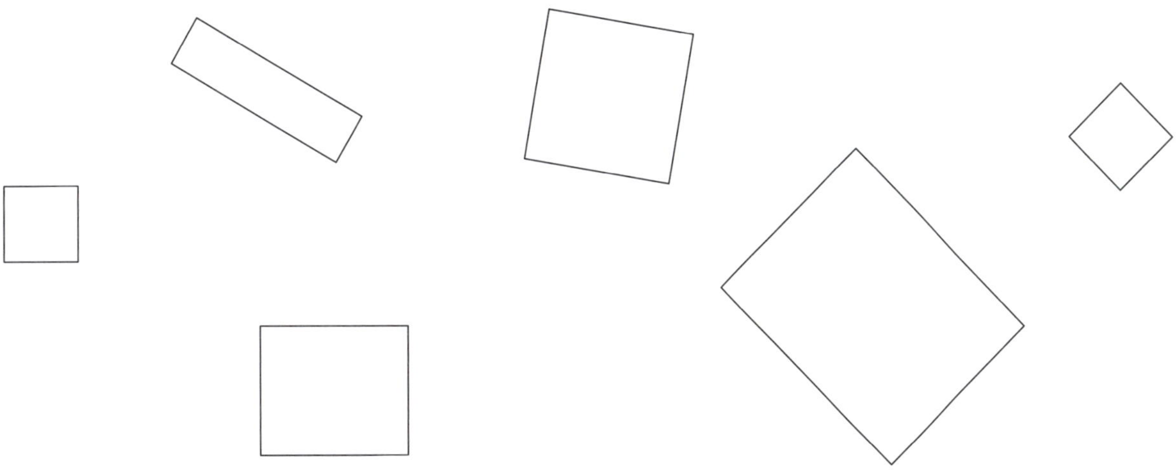

2 **Colorie** le robot :
- les **carrés** en rouge ;
- les **rectangles** en vert ;
- les **triangles** en bleu.

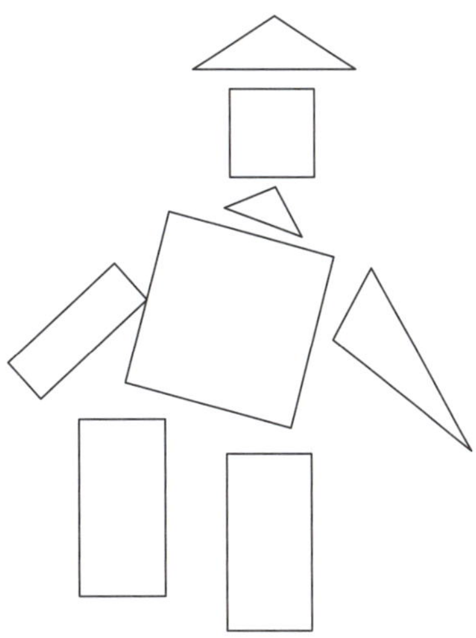

Calcul mental : Soustraire sur les petits nombres. *Ex. : Énoncer 9 – 3. Les élèves proposent leurs stratégies : « Je montre 9 avec mes doigts et j'en abaisse 3 » ; « J'utilise la bande numérique : je pars de 9 et je recule de 3 » ; etc.*

70 La table d'addition (1)

Compétences : Mémoriser des faits numériques additifs ; construire les tables d'addition.

1 **Complète** d'abord les cases roses, puis les cases bleues, les cases orange et les cases vertes. **Termine** enfin par les cases blanches.

+	1	2	3	4	5	6	7	8	9	10
1	2	3	4	5	6	7	.....	.....	.....	.....
2	3	4	5	6	7	8	.....	.....	.....	.....
3	4	5	6	7	8	9	.....	.....	.....	.....
4	5	6	7	8	9	10	.....	.....	.....	.....
5	6	7	8	9	10	11	.....	.....	.....	.....
6	7	8	9	10	11	12	.....	.....	.....	.....
7	.....	.....	.....	.....	.....	.....	.....	.....	.....	.....
8	.....	.....	.....	.....	.....	.....	.....	.....	.....	.....
9	.....	.....	.....	.....	.....	.....	.....	.....	.....	.....
10	.....	.....	.....	.....	.....	.....	.....	.....	.....	.....

2 **Remplis** la valise du 8 et la valise du 12.
Écris dans chaque valise les additions qui ont le même total.

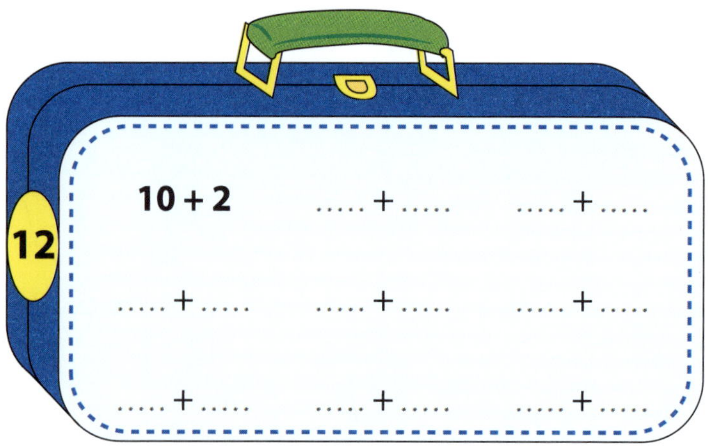

Calcul mental : Comparer les nombres ≤ 29. *Ex. : Montrer 19 et 29 ; demander quel est le plus petit et le faire écrire. Idem avec : 28 et 26 ; 21 et 19 ; etc.*

La table d'addition (2)

…… …… …… …… ……

Compétences : Mémoriser des faits numériques additifs ; utiliser les tables d'addition.

1 **Entoure** le bon résultat.

2 Les élèves se sont trompés. **Écris** la bonne réponse.

6 + 3

…….

7 + 6

…….

8 + 7

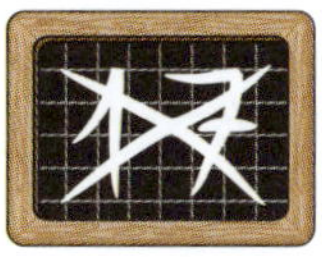

…….

5 + 6

…….

3 **Calcule.** Tu peux utiliser la table d'addition de la page 70.

8 + 3 = …….
3 + 8 = …….

9 + 2 = …….
2 + 9 = …….

7 + 6 = …….
6 + 7 = …….

4 **Complète.**

7 + 5 = ……. + 7
8 + 9 = ……. + 8

……. + 4 = 4 + 10
……. + 8 = 8 + 8

Colorie la case qui correspond à **6 + 8**.

1	2	3	4	5	6	7	8	9	10	11	12	13	14	15	16

Calcul mental : S'entraîner sur les répertoires additifs de 2 et de 3. *Ex. : Énoncer des additions ; les élèves écrivent le résultat.*

72 Se déplacer dans la cour de l'école

......	......	......	......	......

Compétences : Coder et décoder des déplacements dans un espace familier et dans un quadrillage.

1 Voici les directions prises par Lilou depuis la grille d'entrée.
Trace le chemin suivi par Lilou dans la cour de l'école.

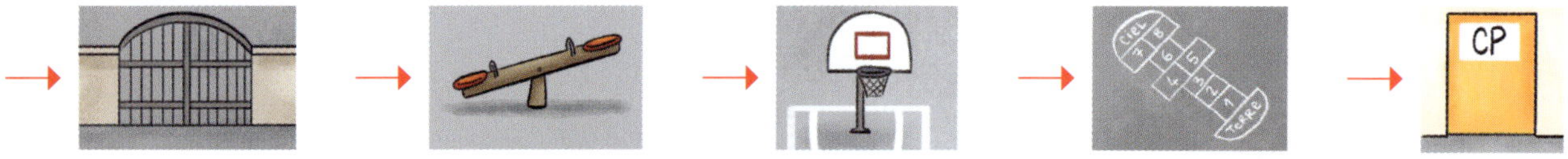

2 **Trace** case par case le chemin suivi par Mehdi dans la cour de l'école.
Colorie sa case d'arrivée.

entrée	↑	↑	←	↑	→	↑	↑	→	→	↓	→	arrivée

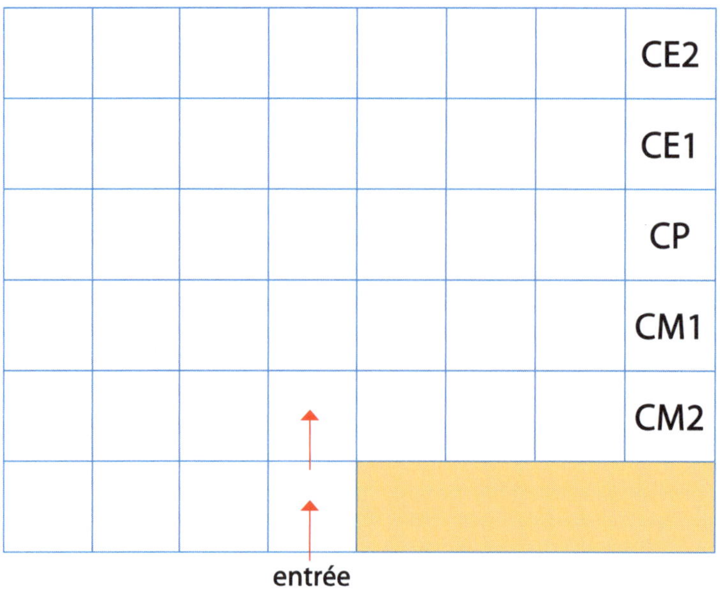

Calcul mental : Comparer des nombres en utilisant les signes > et <. *Ex. : Énoncer deux nombres. Les élèves écrivent le signe < ou >.*

Calcul réfléchi : les compléments à 20

.... | .... | .... | .... | ....

Compétence : Utiliser une stratégie de calcul d'une addition en s'appuyant sur le complément à 20 et sur la droite graduée.

1 Mehdi a 17 billes vertes. Lilou a des billes rouges. Ils ont 26 billes à eux deux.
Complète les boîtes avec les billes rouges de Lilou.

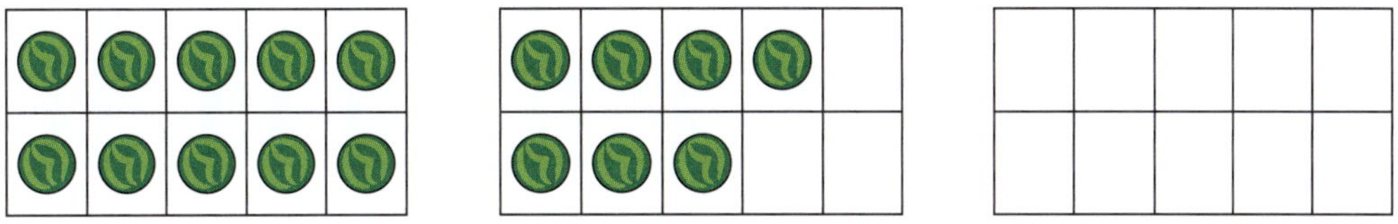

.... billes rouges + ... billes rouges

Lilou a .... billes.

2 **Colorie** en vert ce qu'il faut ajouter à 18 pour aller à 27.

Complète.

J'ajoute .... pour aller de 18 à 20.
J'ajoute .... pour aller de 20 à 27.

Au total, j'ajoute :
.... + ... = ...

Il faut ajouter .... pour aller de 18 à 27.

3 **Complète** ce qu'il faut ajouter à 14 pour aller à 23.

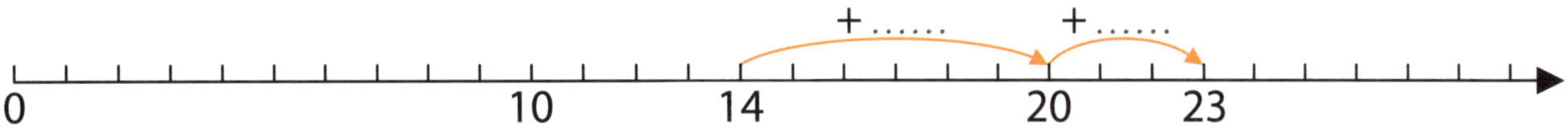

Complète.

J'ajoute .... pour aller de 14 à 20.
J'ajoute .... pour aller de 20 à 23.

Au total, j'ajoute :
.... + ... = ...

Il faut ajouter .... pour aller de 14 à 23.

4 **Complète.**

• Pour aller de 16 à 25 :

J'ajoute .... pour aller de 16 à 20.
J'ajoute .... pour aller de 20 à 25.
Il faut ajouter .... pour aller de 16 à 25.

• Pour aller de 15 à 22 :

J'ajoute .... pour aller de 15 à 20.
J'ajoute .... pour aller de 20 à 22.
Il faut ajouter .... pour aller de 15 à 22.

Calcul mental : S'entraîner sur le répertoire additif de 6. *Ex. : Énoncer des additions ; les élèves nomment ou écrivent le résultat : 6 + 4 ; 4 + 6 ; 2 + 6 ; 6 + 8 ; etc.*

Les nombres jusqu'à 49 (1)

……. ……. ……. ……. …….

Compétence : Dénombrer des collections de 30 à 49 éléments en utilisant les groupements en dizaine.

1 Le papa de Lilou a soufflé ses bougies. **Entoure**-les par 10 pour connaître son âge.

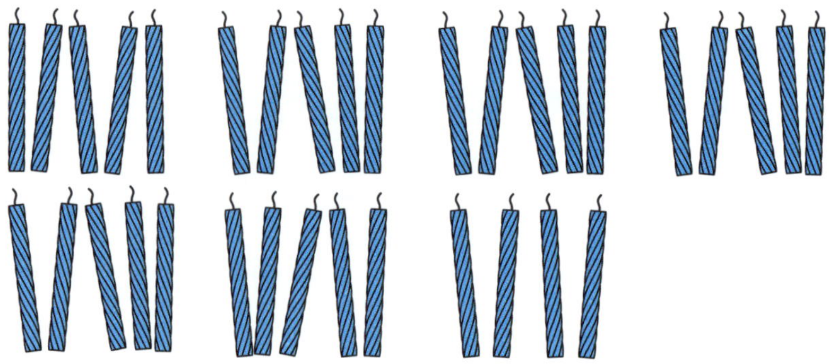

Complète.

……. paquets de 10 → ……. dizaines de bougies

……. bougies seules → ……. unités

Le papa de Lilou a ……. ans.

2 Pour qu'il y ait moins de bougies, **échange** 10 petites bougies contre 1 grande.

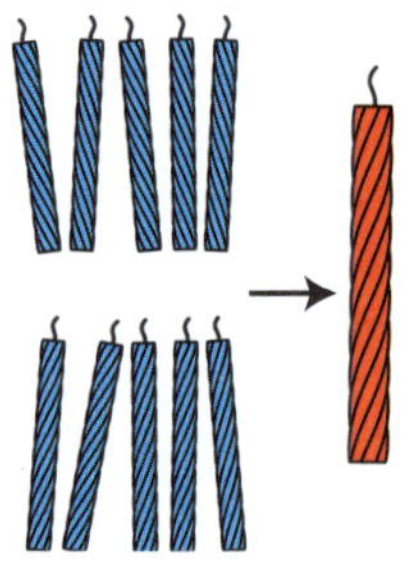

Entoure les paquets de 10.

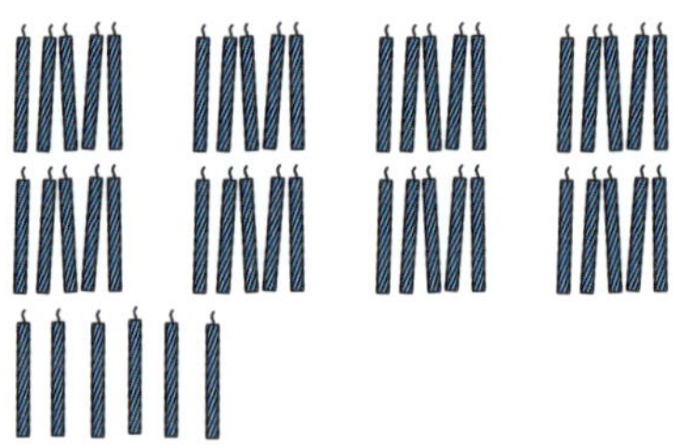

Dessine l'échange et **écris** le nombre.

…….

3 **Barre** les bougies en trop.

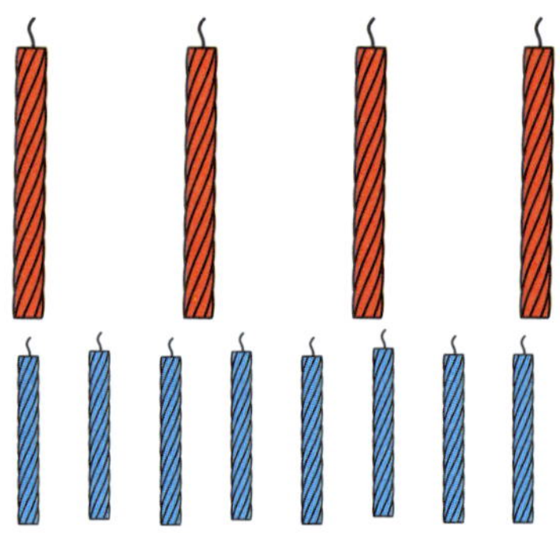

36 ans

4 **Dessine** les bougies qui manquent.

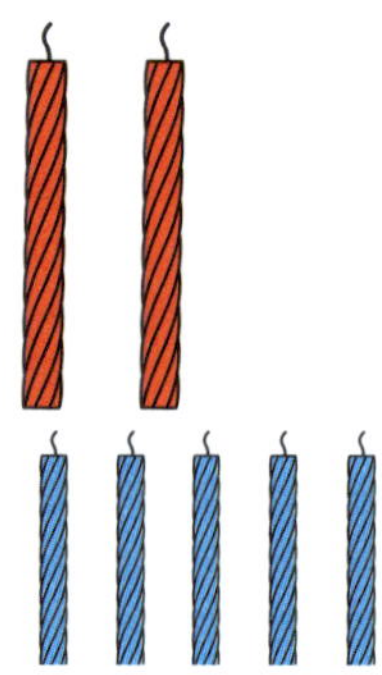

48 ans

Écris les nombres sur la bande numérique.

1	2	3	4	5	…	…	…	…	…	…	…	…	…	…	…	…	…	…	20

Calcul mental : S'entraîner sur les compléments à 20. *Ex. : Énoncer : 11 + 9 = ? ; 14 + ? = 20 ; etc.*

75 Les nombres jusqu'à 49 (2)

....

Compétences : Dénombrer des collections de 30 à 49 éléments en utilisant les groupements en dizaine ; associer les noms des nombres à leurs écritures chiffrées.

1 Quel est le nombre ?

Entoure les paquets de 10. **Complète** l'échange.

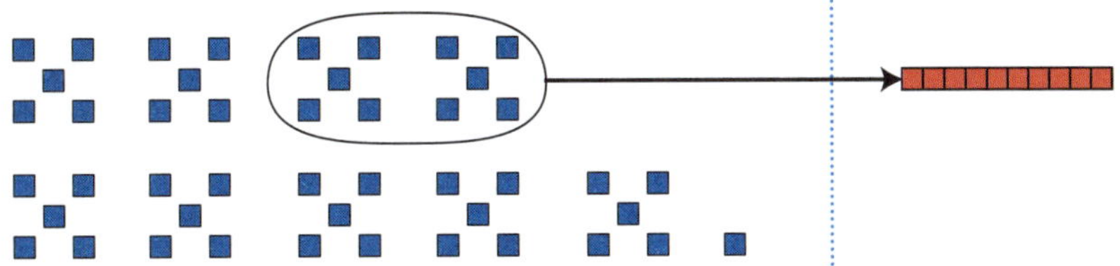

Complète.

.... paquets de 10 et .... carrés seuls ⟶ .... dizaines et .... unités

C'est le nombre ....

2 Quel est le nombre ?

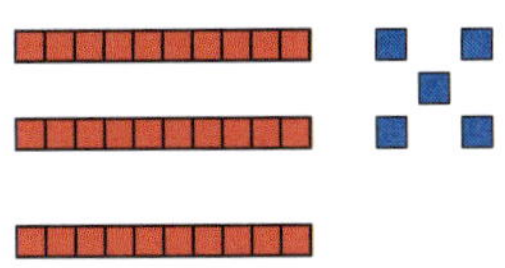

dizaines	unités
....	....

C'est le nombre ....

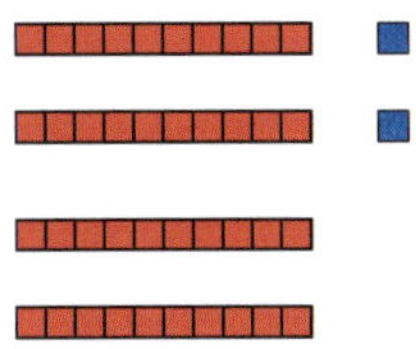

dizaines	unités
....	....

C'est le nombre ....

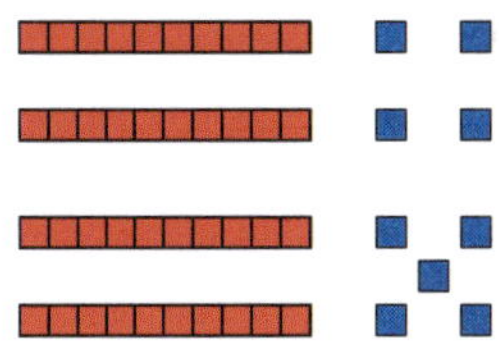

dizaines	unités
....	....

C'est le nombre ....

3 **Complète** les trois écritures du même nombre.

- quarante et .... ⟶ 41 ⟶ 40 + ...
- ....-trois ⟶ 43 ⟶ 40 + ...
- trente-quatre ⟶ 34 ⟶ ...... + 4
- ....-................ ⟶ 37 ⟶ ...... + 7

Écris les nombres sur la bande numérique.

34	35	36	...	...	...	...	...	...	...	...	...	...	...	...	49

Calcul mental : Réciter la suite numérique le plus loin possible. *Les élèves se relaient.*

Problèmes pour apprendre à chercher (2)

......	......	......	......	......

Compétence : S'engager dans une démarche de résolution de problème en émettant des hypothèses, en les testant, en essayant plusieurs pistes, en exposant sa démarche de recherche.

1 Pour ouvrir le coffre-fort, Tom le pirate doit trouver le code.
La somme des 4 chiffres est égale à 16.

4	....	5	....

Fais tes essais.

Écris toutes les solutions que le pirate doit essayer.

....

....

2 **Trouve** dans quelle figure se cachent la ☾, le ♡ et le ☺.
Lis les indices :
– la ☾ n'est ni dans le carré, ni dans le triangle ;
– le ☺ n'est pas dans une figure à quatre côtés ;
– le ♡ n'est ni dans le triangle, ni dans le rectangle.

Dessine les objets dans la figure qui convient.

Calcul mental : S'entraîner sur la table d'addition de 7. *Ex. : Énoncer des additions. Les élèves nomment ou écrivent le résultat : 7 + 4 ; 7 + 6 ; 2 + 7 ; 6 + 7 ; etc.*

77 Bilan 5

Calcul mental

....

1 **Entoure** les bonnets par dizaines.

Écris le nombre de bonnets dans le tableau.

dizaines	unités
....	....

C'est le nombre ....

2 **Écris** les nombres du plus petit au plus grand.

49 – 27 – 35 – 40 – 34 – 42

....	....	....	....	....	....

3 **Écris** le nombre qui précède.

.... < 20

.... < 30

.... < 40

4 **Colorie** les figures du grand carré : les carrés en bleu, les rectangles en rouge et les triangles en vert.

5 **Trace** le déplacement du pion.
Colorie la case d'arrivée.

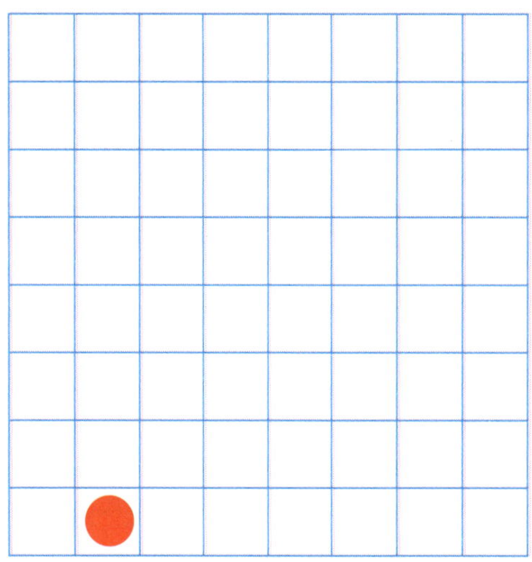

↑ ↑ ↑ → → ↑ ↑ ← ↑ → →

78 Comparaison de longueurs (1)

......	......	......	......	......

Compétences : Comparer des longueurs à l'aide de plusieurs longueurs-unités, par superposition et juxtaposition.

1 **Découpe** les 3 bandes du matériel page 6 exercice 1.
Colle-les de la plus petite à la plus grande.

Colle ici la bande la plus petite.

Colle ici la bande moyenne.

Colle ici la bande la plus grande.

Complète avec *plus grande* ou *plus petite* pour comparer les bandes.

La bande verte est .... que la bande bleue.

La bande bleue est .... que la bande rouge.

La bande rouge est .... que la bande verte.

2 **Découpe** les bandes orange du matériel page 6 exercice 2.
Colle les bandes orange pour réaliser la même longueur que la bande violette.

- Combien de bandes orange faut-il ?

Il faut .... bandes orange.

3 **Découpe** les bandes grises du matériel page 6 exercice 3.
Colle les bandes grises pour réaliser la même longueur que la bande rouge.

- Combien de bandes grises faut-il ?

Il faut .... bandes grises.

Calcul mental : Résoudre des problèmes additifs ou soustractifs simples. *Ex. : Énoncer : « J'ai 12 crayons ; j'en prête 4 à mon voisin. Combien m'en reste-t-il ? » ; « Lilou range 5 photos dans son album ; il y en avait déjà 20. Combien y en a-t-il maintenant ? »*

79 Comparaison de longueurs (2)

....

Compétence : Comparer des longueurs en utilisant le report d'une longueur-unité.

1 **Découpe** les bandes-unités du matériel page 6 exercice 1.
Combien en faut-il pour faire la même longueur que chacune des bandes de couleur ?

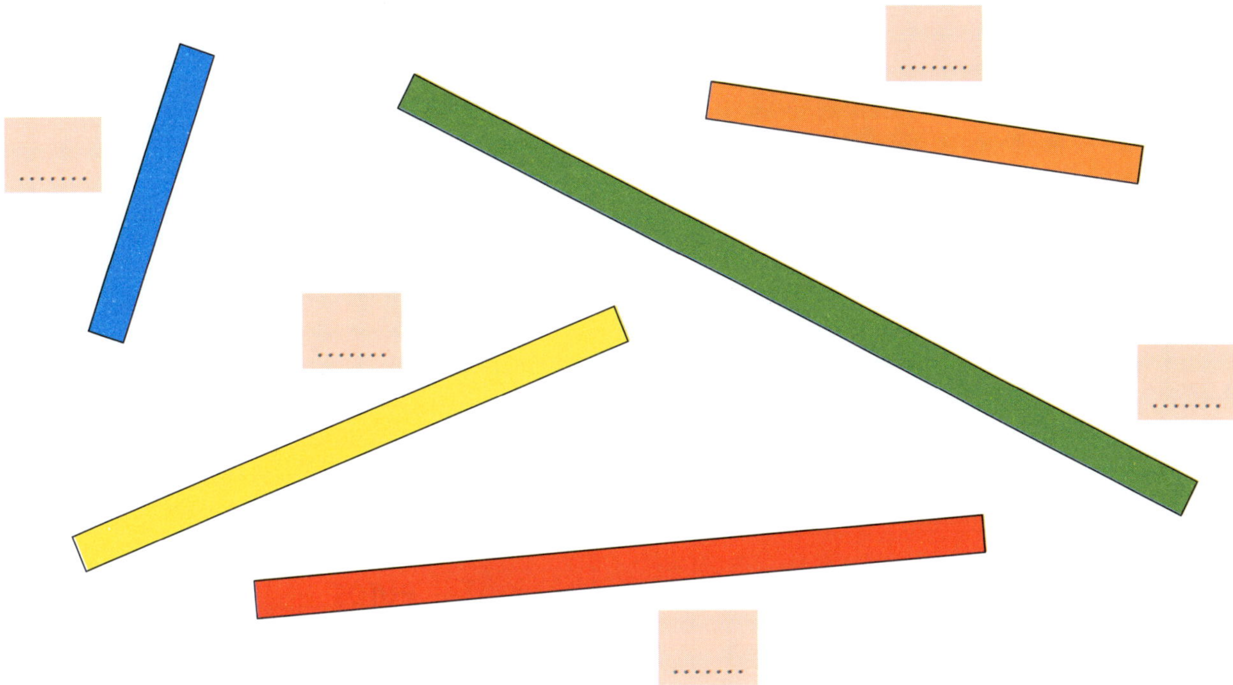

Classe les bandes de couleur de la plus grande à la plus petite en coloriant les cases.

2 **Utilise** la réglette du matériel page 6 exercice 2 pour mesurer ces bandes.
Écris la mesure de chaque bande.

.... unités

.... unités

.... unités

.... unités

Calcul mental : Identifier le nombre se trouvant entre deux nombres ≤ 49. *Ex. : Énoncer deux nombres (37 et 39) ; les élèves écrivent le nombre qui est entre les deux nombres cités.*

Comparaison des nombres de 0 à 49

......	......	......	......	......

Compétences : Comparer et encadrer les nombres de 0 à 49.

1 **Écris** les prix des deux équipements. **Compare** avec > ou <.

l'équipement de football

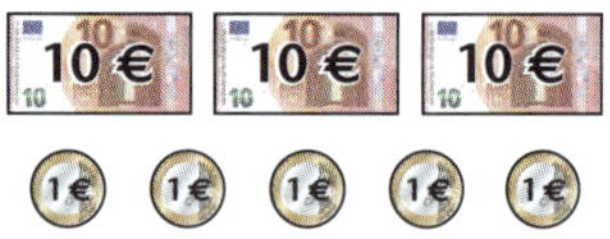

l'équipement de skate-board

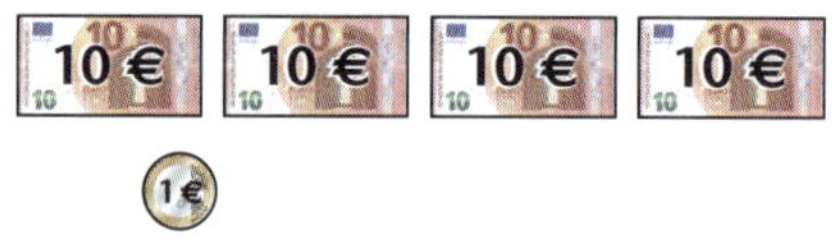

.... euros .... euros

2 **Écris** les deux nombres. **Compare** avec > ou <.

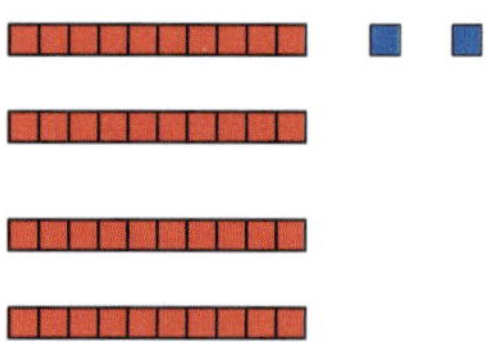

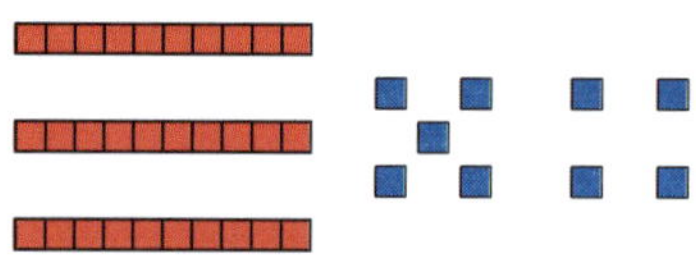

....

3 **Compare** avec > ou <.

42 43

28 48

42 24

4 **Écris** le nombre précédent et le suivant.

....	30	....
....	20	....
....	40	....

Écris les nombres sur la bande numérique.

...	...	...	...	...	...	...	...	...	...	...	...	...	...	...	...	45	46	47	...

Calcul mental : Réciter la suite numérique dans l'ordre décroissant. *Ex. : Faire réciter à partir de 10, puis de 15, puis de 20.*

Les informations d'un énoncé de problème

....

Compétence : Repérer les informations utiles à la résolution d'un problème : les caractéristiques des nombres mis en jeu et leurs relations.

1 Mehdi organise un goûter. Sa maman a acheté 9 éclairs et 8 galettes. Elle a pris aussi 7 bouteilles de jus de raisin et 5 bouteilles de jus d'orange.

Combien la maman de Mehdi a-t-elle acheté de gâteaux ?

• **Complète** toutes les informations.

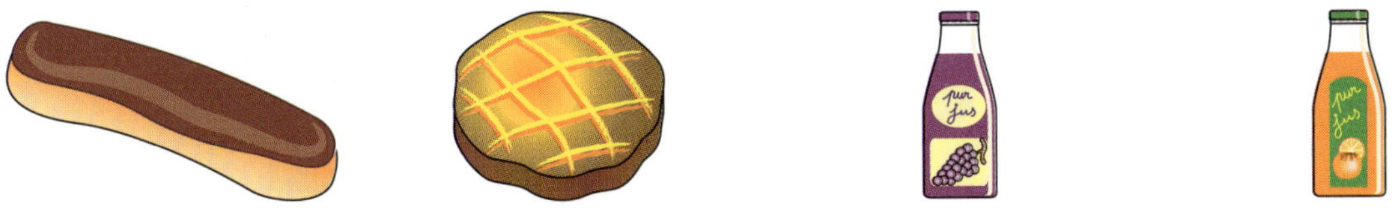

....

• **Entoure** les informations dont tu as besoin pour répondre à la question.

• **Écris** l'opération et **calcule**.

....

• **Écris** la réponse.

La maman de Mehdi a acheté ....

2 Combien la maman de Mehdi a-t-elle acheté de bouteilles ?

Complète uniquement les informations dont tu as besoin pour répondre à la question.

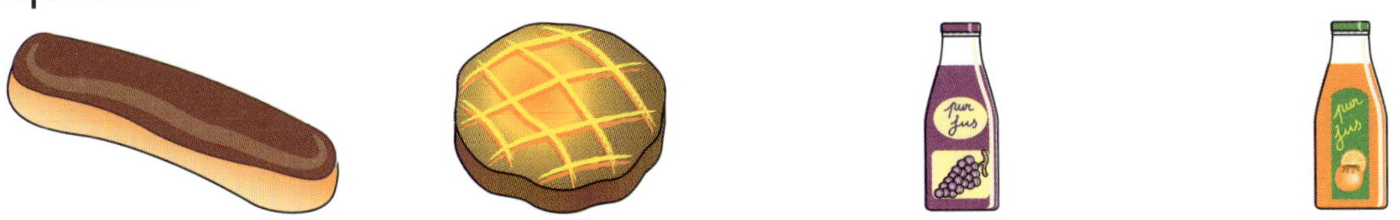

....

Écris l'opération et **calcule**.

....

Écris la réponse.

La maman de Mehdi a acheté ....

Calcul mental : S'entraîner sur les répertoires additifs de 2 à 7. *Ex. : Énoncer des additions : 7 + 3 ; 4 + 9 ; 6 + 7 ; 3 + 4 ; etc. Les élèves nomment ou écrivent le résultat.*

La droite de – la gauche de

Compétence : Se repérer dans l'espace selon les repères droite / gauche : par rapport à l'autre, à un animal ou à un objet orienté.

1 **Colorie** en bleu la chaussure **gauche** de Mehdi dans chaque dessin.

Complète la phrase avec *droite* ou *gauche*.

La main .... de Mehdi
tient la main .... de sa maman.

2 Médor a mal à sa patte **avant droite**.
Colorie cette patte en bleu dans chaque dessin.

3 L'aile **droite** de l'avion est rouge ; l'aile **gauche** est bleue.
Colorie de la bonne couleur dans chaque dessin.

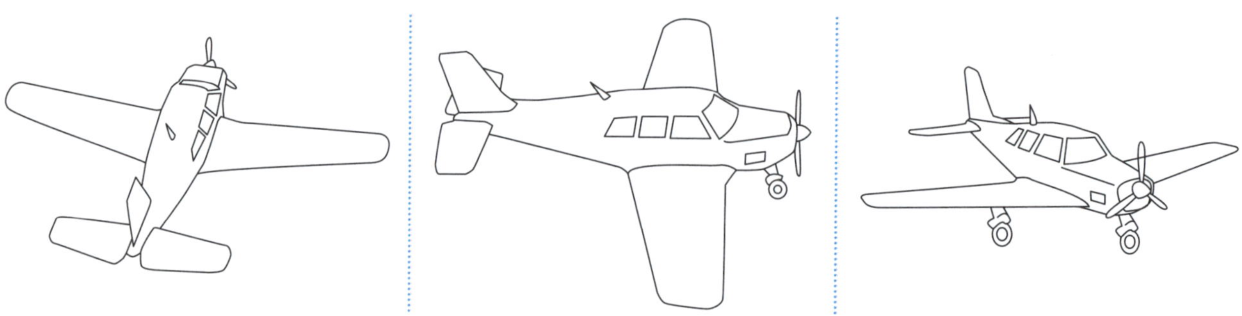

Calcul mental : Indiquer l'heure donnée sur la pendule (heures entières). *Ex. : Montrer une heure sur la pendule à aiguilles ; les élèves nomment ou écrivent l'heure indiquée.*

Calcul réfléchi : ajouter ou retrancher des dizaines

....

Compétences : Additionner et soustraire des dizaines entières.

1 Lilou et Mehdi portent les ballons pour la séance d'éducation physique.
Calcule le total des ballons.

20 ballons

10 ballons

20 + 10 = ...

Il y a .... ballons au total.

2 **Écris** les deux nombres et **calcule** l'addition.

.... + ... = ...

3 **Calcule** les additions.

10 + 20 = ...

30 + 10 = ...

10 + 10 = ...

10 + 30 = ...

4 **Entoure** les framboises par 10.
Lilou en donne 20 à Mehdi.
Calcule la soustraction.

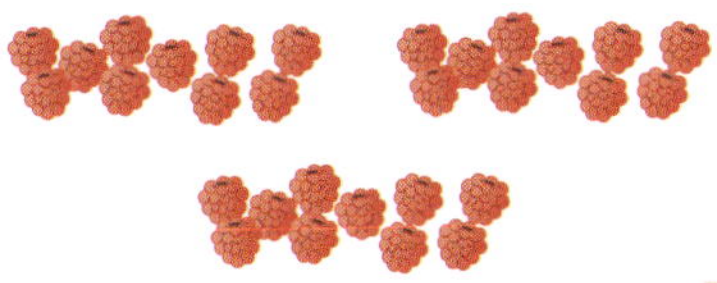

30 – 20 = ...

5 Tu as 4 dizaines (4 d).
Barre 2 dizaines (2 d).

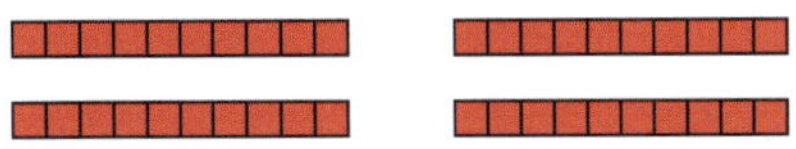

Écris et **calcule** la soustraction.

4 d – 2 d = ... d

6 **Calcule** les soustractions.

4 dizaines – 3 dizaines = ... dizaine

4 d – 1 d = ... d

3 d – 1 d = ... d

7 **Calcule** les soustractions.

40 – 20 = ...

20 – 10 = ...

30 – 20 = ...

Calcul mental : Encadrer des nombres ≤ 49. *Ex. : Énoncer 29. Les élèves nomment ou écrivent le nombre qui précède et celui qui suit. Faire de même avec : 19 ; 30 ; 28 ; etc.*

L'addition sans retenue (1)

Compétence : Mettre en œuvre une technique de calcul posé de l'addition.

1 Lilou et Mehdi additionnent leurs bonbons.

paquets de 10	bonbons seuls
3	4
1	5

Dessine le total des paquets et le total des bonbons seuls.

Complète.

Total des paquets	Total des bonbons seuls
....	....

2 10 billes valent 1 calot.

Complète le tableau et **calcule** l'addition.

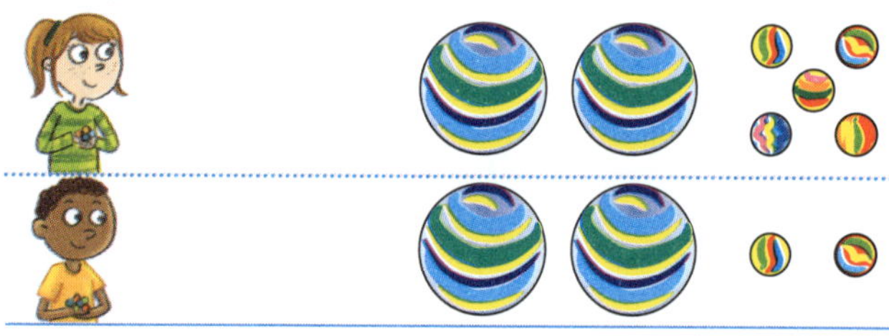

Dessine le total.

	calots	billes
	....	....
+	....	....
total	....	....

3 **Complète** le tableau et **calcule** l'addition.

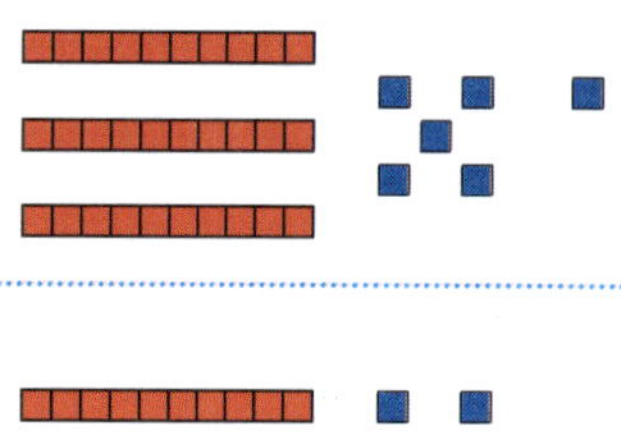

	dizaines	unités
	....	....
+	....	....
total	....	....

Écris les nombres sur la bande numérique.

35	36	37	...	...	40	...	...	...	...	...	...	...	48	49

Calcul mental : S'entraîner sur l'addition ou la soustraction de dizaines entières. *Ex. : Énoncer : 15 + 10 ; 9 + 20 ; 13 + 30 ; etc. Les élèves nomment ou écrivent le résultat.*

NOMBRES ET CALCULS

L'addition sans retenue (2)

......	......	......	......	......

Compétence : Mettre en œuvre une technique de calcul posé de l'addition.

1 Calcule les additions.

8 + 1 = ...	6 + 3 = ...	4 + 1 = ...
5 + 4 = ...	5 + 2 = ...	3 + 3 = ...
4 + 4 = ...	4 + 3 = ...	6 + 2 = ...
5 + 3 = ...	5 + 1 = ...	3 + 2 = ...

2 Calcule les additions.

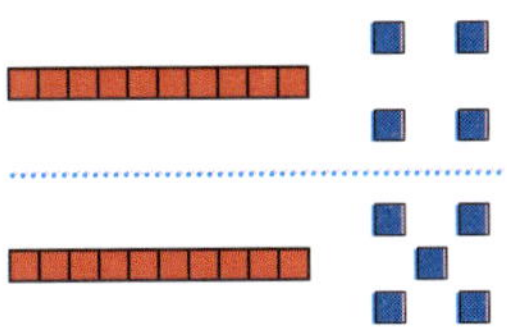

	dizaines	unités
	....	....
+	....	....
total	....	....

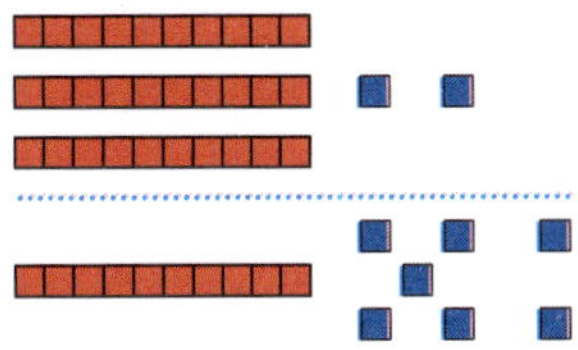

	dizaines	unités
	....	....
+	....	....
total	....	....

3 Calcule les additions.

	dizaines	unités
	2	4
+	1	3
total	....	....

26 + 12

	dizaines	unités
	....	....
+	....	....
total	....	....

4 Calcule sans le tableau.

	d	u
	2	1
+	1	6
	.	.

5 Écris l'opération 23 + 25 en colonnes et calcule.

	.	.
+	.	.
	.	.

Observe et complète la bande numérique.

30	32	34	36	...	...	...	...	...	...

Calcul mental : Nommer un nombre plus petit ou plus grand qu'un nombre donné ; nommer un nombre à la fois plus petit qu'un premier nombre et plus grand qu'un autre nombre.

86

PROBLÈMES

Problèmes sur la monnaie (1)

....

Compétence : Résoudre des problèmes impliquant des prix et le principe d'utilisation de la monnaie.

1 Voici les économies de Lilou.

Elle dépense 6 euros pour acheter un cadeau à son papa.
Combien d'argent lui reste-t-il ?

Fais tes essais.

Écris et **calcule** l'opération en utilisant + ou –.

.... = ...

Écris la réponse à la question.

Il lui reste ....

2 Voici l'équipement de football de Mehdi.

Le prix des chaussures est de 25 euros.
Le prix du ballon est de 14 euros.
Combien son papa dépense-t-il pour cet équipement ?

Fais tes essais.

Écris et **calcule** l'opération en utilisant + ou –.

.... = ...

Écris la réponse à la question.

Son papa dépense ....

Calcul mental : Soustraire sur les petits nombres sous la forme a – b = ? et a – ? = c. *Ex. : Énoncer : 9 – 6 ; 10 – 5 ; 8 – 3 ; puis 7 – ? = 2 ; etc. Les élèves nomment ou écrivent le résultat.*

87 PROBLÈMES

Problème sur la monnaie (2)

......	......	......	......	......

Compétence : Résoudre un problème impliquant des prix et l'utilisation de la monnaie.

les économies de Mehdi

les cadeaux pour sa sœur

Complète le texte du problème.

Mehdi a .... euros d'économies. Il achète une poupée à .... euros et un ours en peluche à .... euros pour sa petite sœur.

• Combien **dépense**-t-il ?

Fais tes essais.

Écris et **calcule** l'opération en utilisant + ou –.

.... = ...

Écris la réponse à la question.

Mehdi dépense ....

Complète le texte de la suite du problème.

Mehdi a .... euros d'économies. Il a dépensé .... euros.

• Combien d'argent lui reste-t-il ?

Écris et **calcule** l'opération en utilisant + ou –.

.... = ...

Écris la réponse à la question.

Il lui reste ....

Calcul mental : Ranger dans l'ordre croissant des nombres ≤ 49. *Ex. : Écrire 5 nombres au tableau. Les élèves les écrivent dans l'ordre croissant.*

NOMBRES ET CALCULS

Les nombres de 50 à 69

......	......	......	......	......

Compétences : Dénombrer des collections de 50 à 69 éléments en utilisant les groupements en dizaine ; associer les noms des nombres à leurs écritures chiffrées.

1 Les œufs en chocolat sont vendus en paquets de 10.
Entoure par 10 et **complète**.

Il y a .... paquets de 10 œufs et .... œufs seuls.

= .... dizaines et .... unités.

2 **Entoure** les unités par 10.

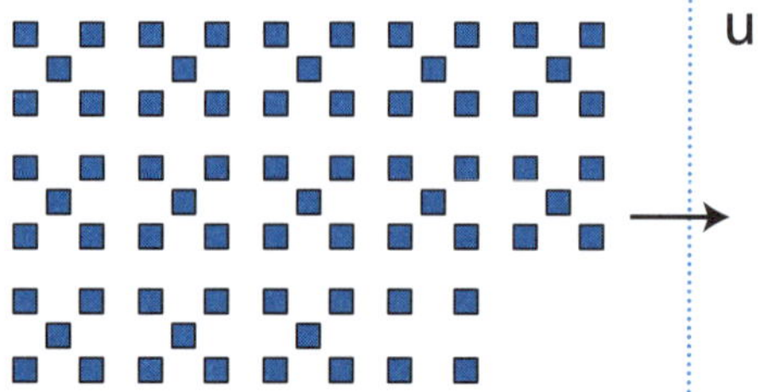

Échange 10 unités contre une barre-dizaine. **Dessine**.

Complète le tableau.

d	u
....	....

3 **Entoure** les bougies d'anniversaire qui conviennent.

soixante-quatre ans — cinquante-six ans — soixante-trois ans

4 **Relie** le nombre en chiffres et le nombre en lettres.

10 •	• vingt
20 •	• quarante
30 •	• dix
40 •	• trente
50 •	• soixante
60 •	• cinquante

5 **Écris** le nombre en lettres ou en chiffres.

54	....
....	soixante-trois
....	cinquante-six
65	....
52	....
....	soixante-huit

Calcul mental : Identifier des nombres donnés sous la forme *x* dizaines et *y* unités. *Ex. : Dire : « Quel nombre s'écrit avec 4 d et 6 u ? » ; les élèves nomment ou écrivent le nombre demandé.*

NOMBRES ET CALCULS

Comparaison des nombres de 0 à 69

......	......	......	......	......

Compétences : Comparer et encadrer les nombres de 0 à 69.

1 **Écris** le nombre de carrés de chocolat de chaque tas et **compare**-les avec > ou <.

....

Entoure la bonne réponse.

Le nombre le plus grand est celui qui a le plus de barres de 10.

Le nombre le plus grand est celui qui a le plus de carrés seuls.

2 **Écris** les deux nombres et **compare**-les avec > ou <.

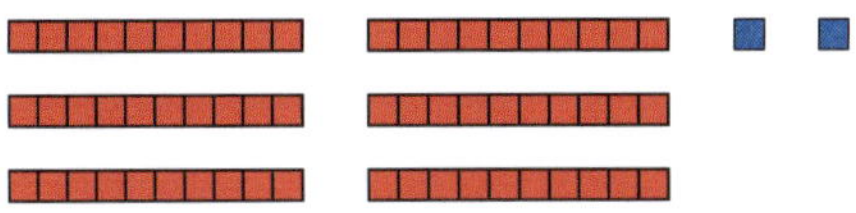

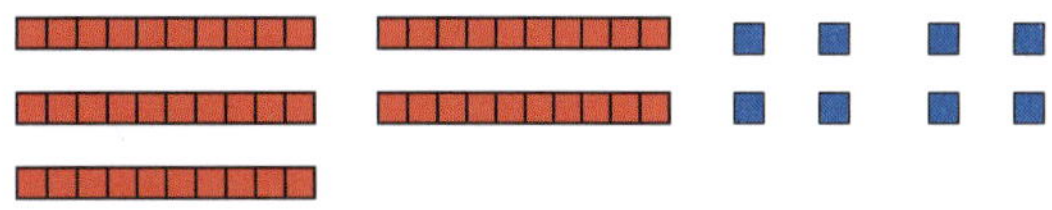

....

Entoure la bonne réponse.

Le nombre le plus grand est celui qui a le plus de dizaines.

Le nombre le plus grand est celui qui a le plus d'unités.

3 **Compare** avec > ou <.

46 63

61 53

59 64

4 **Encadre** le nombre entre les dizaines proches comme dans l'exemple.

30	31	40
....	54	60
....	17	....

Écris les nombres sur la bande numérique.

55	56	57	...	...	60	...	...	...	...	...	...	...	68	69

Calcul mental : Écrire des nombres donnés sous la forme *x* dizaines *y* unités ou *y* unités *x* dizaines. *Ex. : Énoncer : « Quel nombre s'écrit avec 3 dizaines et 7 unités ? » ; « … avec 5 unités et 6 dizaines ? » ; etc.*

Le carré, le rectangle et le triangle (2)

....

Compétence : Reproduire des figures planes (carré, rectangle, triangle) sur papier quadrillé.

1 **Reproduis** le même carré que Lilou.

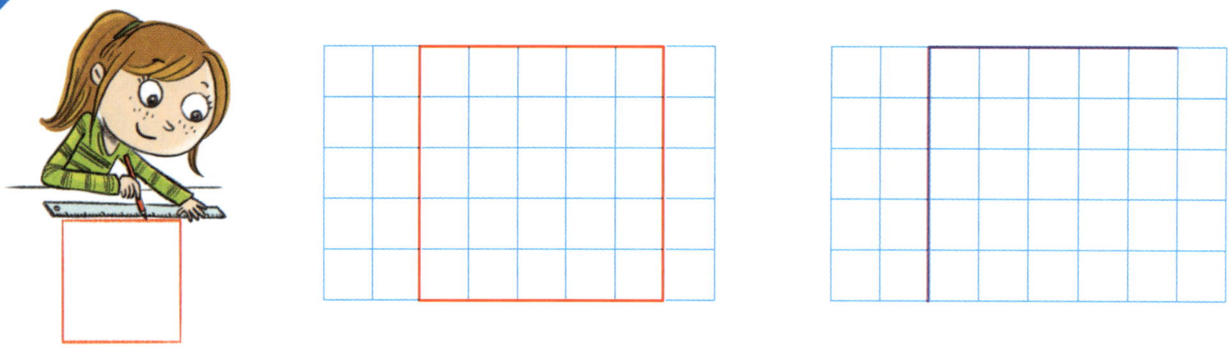

2 **Reproduis** le même rectangle que Mehdi.

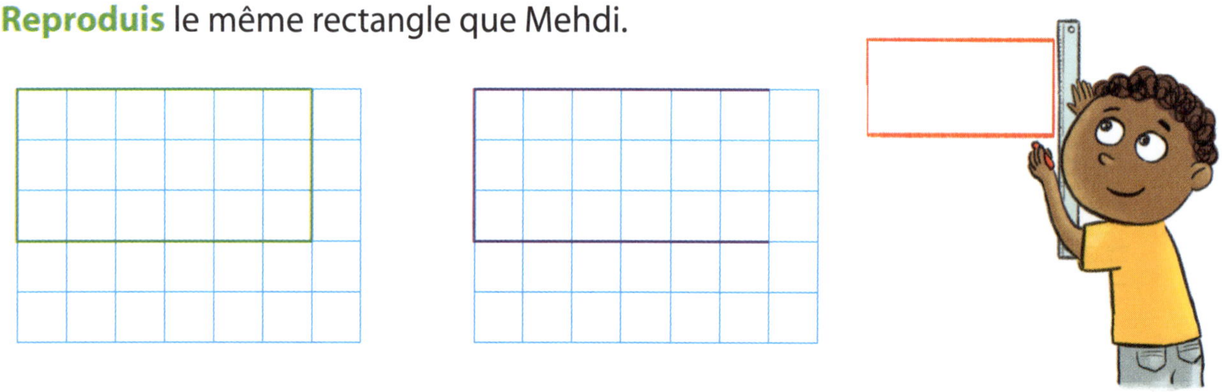

3 **Reproduis** le triangle.

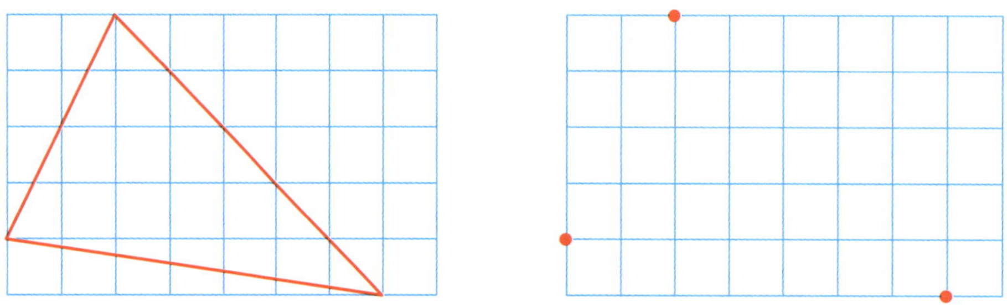

4 **Trace** les rectangles et les triangles pour reproduire la frise.

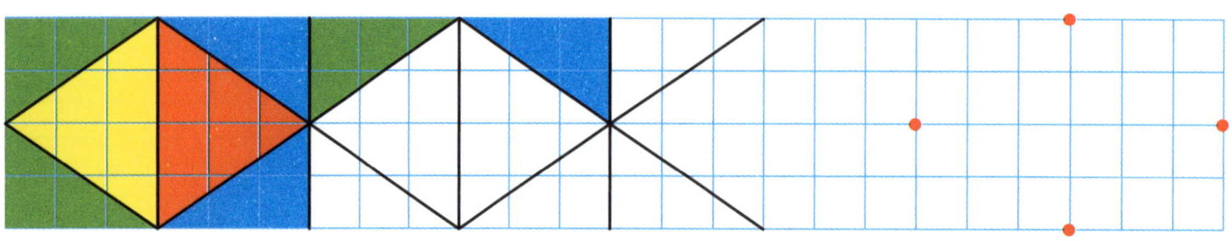

Calcul mental : Découvrir le nombre « pensé ». *Ex. : Dire : « Le nombre auquel je pense a 4 dizaines et 6 unités. Quel est-il ? » ; « Le nombre auquel je pense a 5 unités et 2 dizaines. Quel est-il ? » ; etc.*

Bilan 6

Calcul mental

....

1 Écris les nombres en lettres ou en chiffres.

.... soixante-quatre

.... cinquante-sept

61 ....

58 ....

2 Compare les nombres avec > ou <.

50 60

66 69

59 51

67 59

3 Calcule l'addition.

	dizaines	unités
	3	5
+	2	4
	.....	.....

4 Calcule les opérations avec les dizaines entières.

40 + 20 = ...

40 − 20 = ...

10 + 30 = ...

30 − 10 = ...

60 − 50 = ...

5 Complète le carré et le rectangle en traçant à la règle.

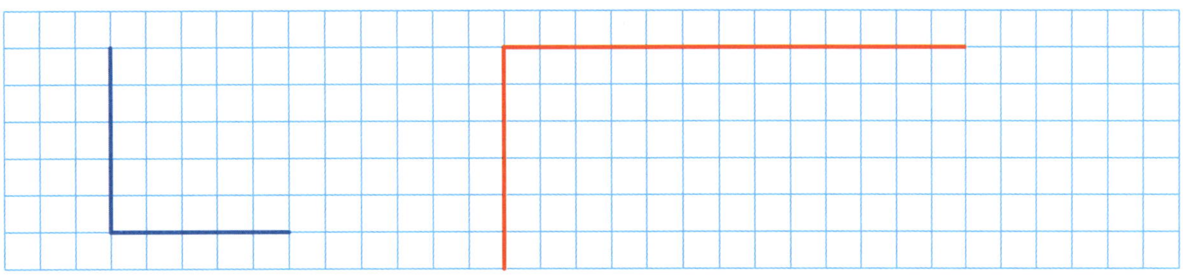

6 Mesure les bandes avec la réglette de la leçon 79.

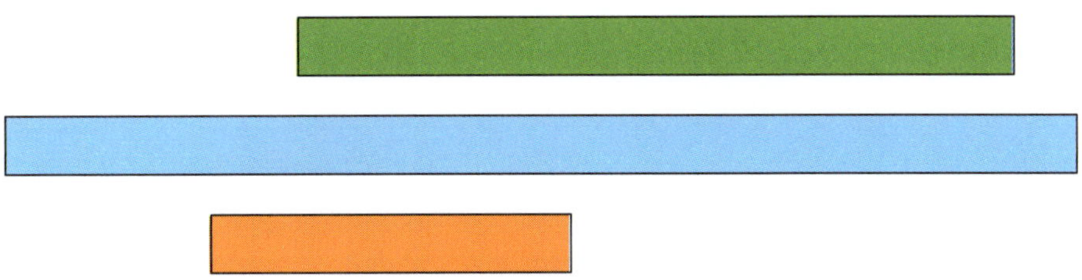

.... unités

.... unités

.... unités

La soustraction (3)

....

Compétences : Découvrir le sens de la soustraction ; calculer en ligne en utilisant des écritures soustractives.

1 Mehdi a 10 quilles. Il en fait tomber 4.
Combien de quilles restent debout ?

→

→ **Dessine** les quilles restées debout.

Complète la soustraction et la réponse.

quilles au départ .... – quilles tombées .... = quilles debout ....

.... quilles restent debout.

2 Lilou a 10 petits chevaux. Elle en cache plusieurs sous une serviette.
Elle en laisse 4 visibles. Combien de petits chevaux sont cachés sous la serviette ?

→

→ **Dessine** les petits chevaux cachés.

petits chevaux en tout .... – petits chevaux visibles .... = petits chevaux cachés ....

.... petits chevaux sont cachés.

3 Litchi est sur la case 12. Il recule de 7 cases. **Calcule** sur quelle case il arrive.

1	2	3	4	5	6	7	8	9	10	11	12	13	14	15

case de départ .... – recul de 7 cases .... = case d'arrivée ....

Calcul mental : S'entraîner sur le répertoire additif de 8. *Ex. : Énoncer des additions de la table de 8 : 7 + 8 ; 8 + 6 ; 2 + 8 ; 8 + 5 ; etc. Les élèves nomment ou écrivent le résultat.*

La soustraction (4)

....

Compétences : Découvrir le sens de la soustraction ; calculer en ligne en utilisant des écritures soustractives.

1 Lilou a 46 perles. Elle fait un collier de 24 perles avec 4 perles jaunes et 20 perles violettes.
Combien lui reste-t-il de perles ?

Il faut calculer la soustraction 46 – 24.

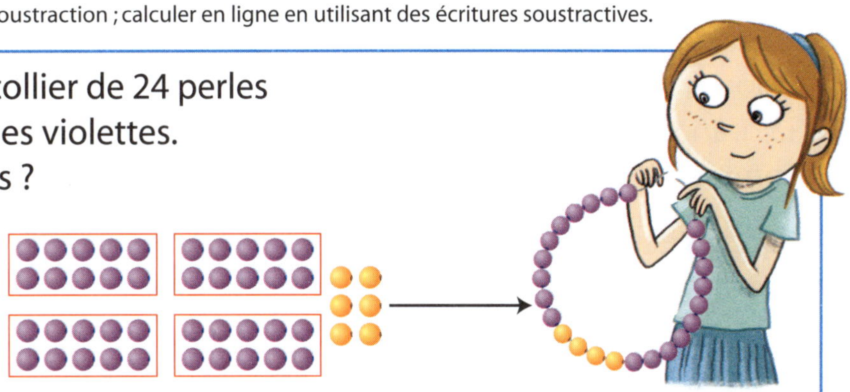

Dessine les perles et les boîtes restantes.

moins 4 perles →

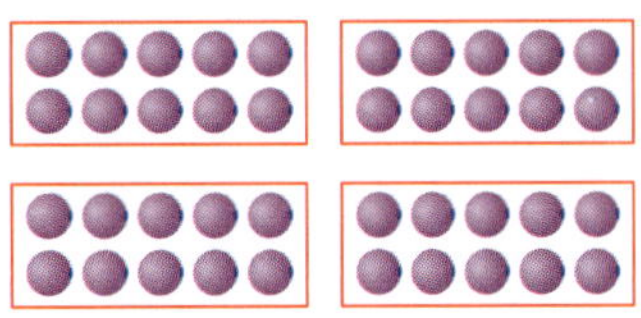

moins 2 boîtes de 10 perles

Complète la soustraction.

46 – 24 = ...

Écris la réponse.

Il lui reste ....

2 **Dessine** les unités et dizaines restantes et **complète** la soustraction.

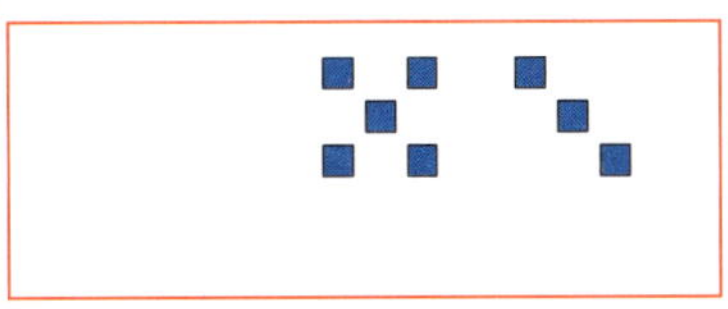

– 2 unités →

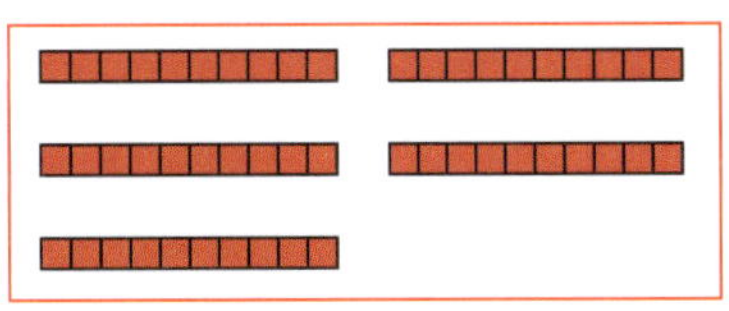

– 3 dizaines →

Complète la soustraction.

. . – . . = . .

Écris les nombres sur la droite numérique.

54 55 56 .... 60 ....

Calcul mental : Trouver le complément d'un nombre entier de dizaines à un nombre appartenant à la même dizaine.
Ex. : Énoncer : « Combien faut-il pour aller de 20 à 28 ? à 24 ? à 27 ? » ; idem avec 30, 40, etc.

Problèmes additifs (1)

......	......	......	......	......

Compétence : Résoudre des problèmes relevant de l'addition.

1 Lilou a 21 euros dans sa tirelire.
Sa grand-mère lui donne 17 euros.
Combien d'argent Lilou a-t-elle maintenant ?

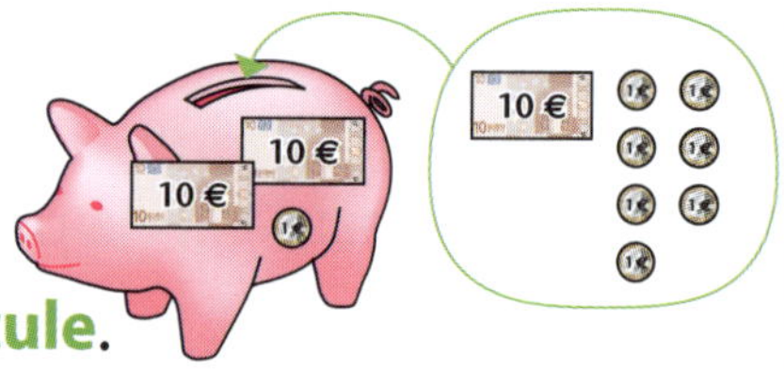

Fais tes essais.

Écris l'opération et **calcule**.

....

Écris la réponse.

Lilou a maintenant ....

2 Mehdi et Lilou mettent ensemble leurs images.
Mehdi en a 37 et Lilou en a 22.
Combien d'images ont-ils à eux deux ?

Fais tes essais.

Écris l'opération et **calcule**.

....

Écris la réponse.

Lilou et Mehdi ont ....

3 Au jeu de l'oie, Litchi est sur la case 46.
Il fait 12 avec ses deux dés.
Sur quelle case est-il maintenant ?

Fais tes essais.

Écris l'opération et **calcule**.

....

Écris la réponse.

Litchi est sur la case ....

Calcul mental : Calculer une somme de trois nombres en groupant deux nombres pour former une dizaine entière. *Ex. : Écrire au tableau 8 + 3 + 2. Les élèves proposent et discutent leurs stratégies. Favoriser la démarche (8 + 2) + 3. Idem avec 4 + 6 + 7 ; 1 + 6 + 9 ; 3 + 5 + 7.*

Problèmes additifs (2)

| ...... | ...... | ...... | ...... | ...... |

Compétence : Résoudre des problèmes relevant de l'addition.

Lilou a apporté des bonbons pour que chacun des 23 élèves de la classe en ait 1.
Sa maman a acheté un paquet de 15 bonbons et un paquet de 14 bonbons.
Combien restera-t-il de bonbons ?

1re étape

La maman de Lilou a acheté un paquet de 15 bonbons et un paquet de 14 bonbons. Combien a-t-elle acheté de bonbons au total ?

Fais tes essais.

Écris l'opération et **calcule**.

....

Écris la réponse.

2nde étape

Maman a acheté .... bonbons en tout. Il faut 23 bonbons pour les 23 élèves. Combien restera-t-il de bonbons ?

Fais tes essais.

Écris l'opération et **calcule**.

....

Écris la réponse.

Calcul mental : Découvrir le nombre pensé. *Ex. : Énoncer : « Le nombre auquel je pense a 7 unités et 6 dizaines. Quel est-il ? » Idem avec 5 u et 4 d ; 6 d et 1 u ; 8 u et 5 d ; etc.*

Mesurer avec une unité (1)

Compétence : Exprimer une mesure de longueur avec une unité imposée.

1 **Mesure** la longueur de chacune des bandes de couleur de la page matériel 7.
Utilise la bande graduée du matériel page 7.

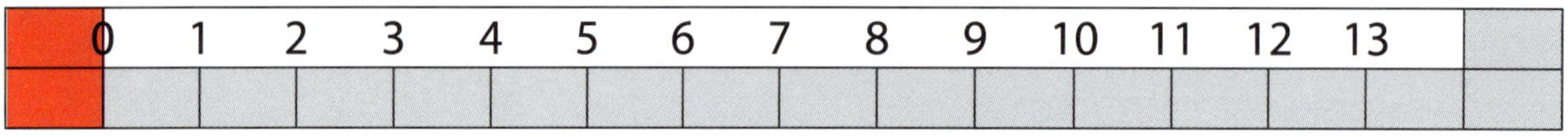

Écris la mesure de chaque bande de couleur et **colle**-la.

bande bleue .... unités

bande verte .... unités

bande jaune .... unités

bande rouge .... unités

2 **Mesure** ces bandes à l'aide de la bande graduée.
Fais bien attention à la position du 0.

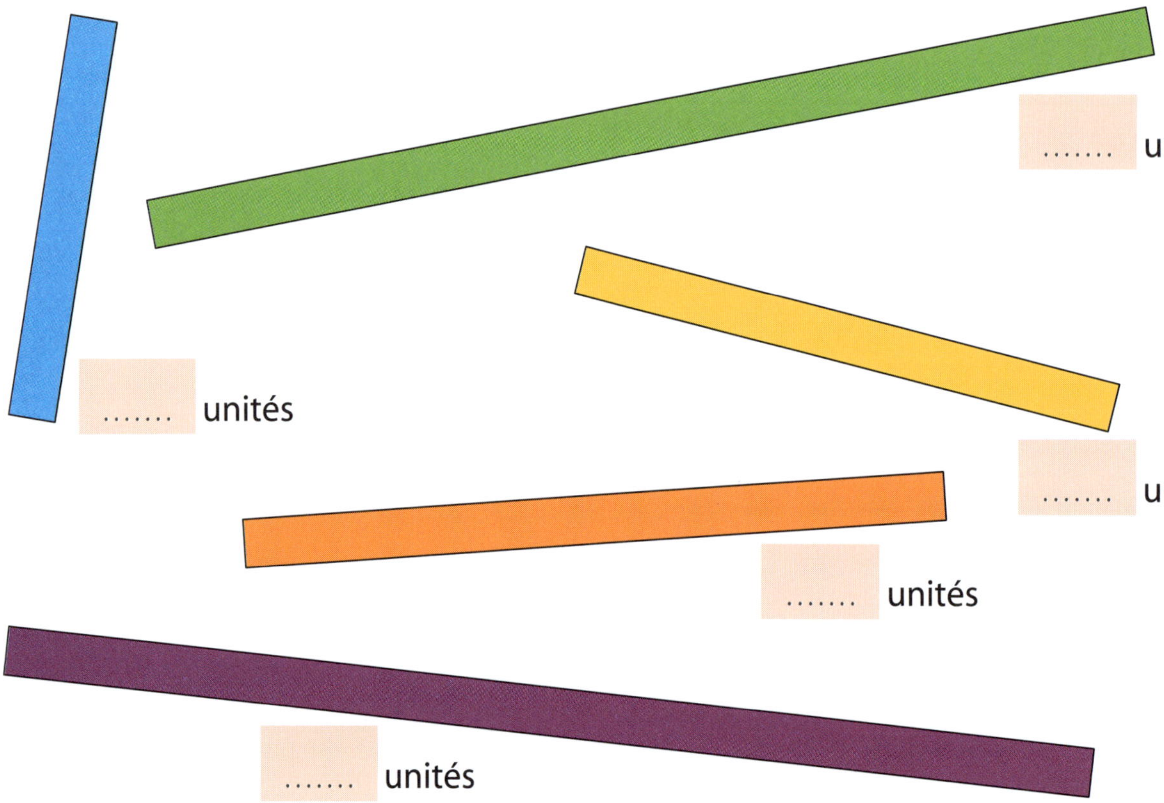

.... unités

.... unités

.... unités

.... unités

.... unités

Calcul mental : Compter de 2 en 2 dans l'ordre décroissant. *Ex. : Un élève commence à compter de 2 en 2 à partir de 30 ; au signal de l'enseignant, un autre élève prend le relais. Faire de même à partir de 68.*

Mesurer avec une unité (2)

......	......	......	......	......

Compétence : Exprimer une mesure de longueur avec une unité imposée.

1 **Mesure** les segments avec la bande graduée.
Écris les résultats dans le tableau.

segment rouge	.... unités
segment bleu	.... unités
segment vert	.... unités
segment violet	.... unités

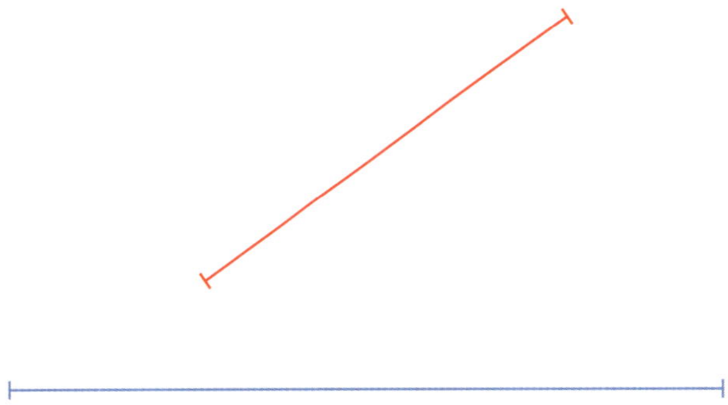

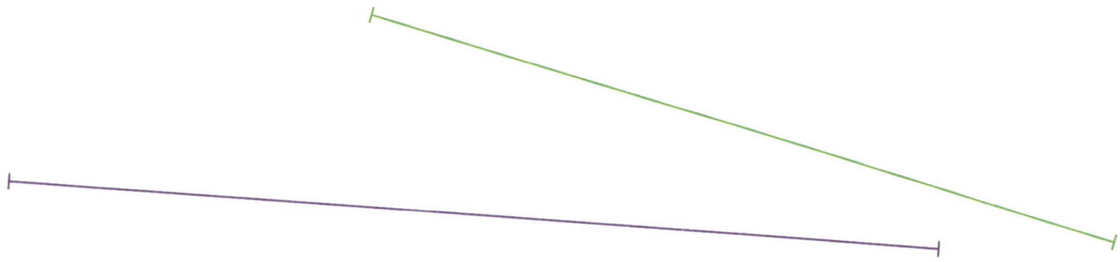

2 **Mesure** les 4 côtés du **rectangle** et du **carré** avec la bande graduée.
Écris les résultats dans les tableaux.

côté rouge	.... unités
côté vert	.... unités
côté bleu	.... unités
côté noir	.... unités

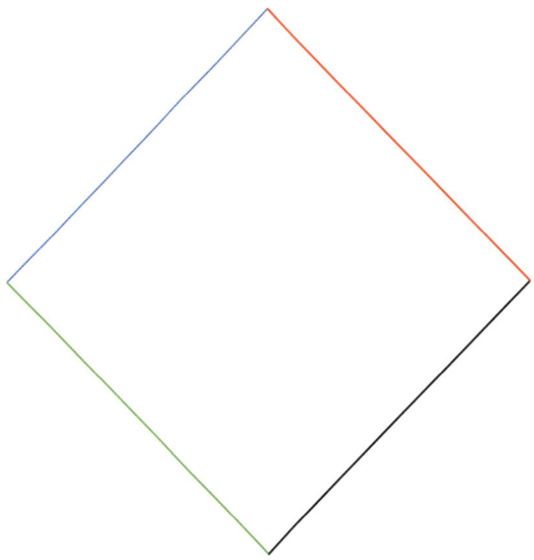

côté rouge	.... unités
côté vert	.... unités
côté bleu	.... unités
côté noir	.... unités

Calcul mental : Calculer une somme de plusieurs nombres (total ≤ 69). *Ex. : Énoncer 10 + 10 + 20 + 3 ; les élèves écrivent le résultat. Idem avec 20 + 10 + 10 + 8 ; etc.*

Les mots pour lire et écrire les nombres : les dizaines

Compétence : Associer les noms des nombres exprimant des dizaines à leurs écritures chiffrées.

1 **Écris** le nombre en chiffres sur chaque produit.

trente

quarante

dix

vingt

soixante

cinquante

2 **Relie** le nombre en chiffres à son écriture en lettres.

69 •	• cinquante-neuf
49 •	• soixante-neuf
59 •	• quarante-neuf
39 •	• vingt-neuf
29 •	• trente-neuf

3 **Complète** l'écriture du nombre en lettres.

- 63 → ....-trois
- 18 → ....-huit
- 34 → ....-quatre
- 56 → ....-six
- 49 → ....-neuf
- 27 → ....-sept

4 **Complète**.

57	→	...... + 7	→	....-sept
32	→	...... + 2	→	....-deux
46	→	...... + 6	→	....-six
61	→	...... + 1	→	.... et un

Calcul mental : S'entraîner sur le répertoire additif de 9. *Ex. : Énoncer des additions de la table de 9 ; les élèves nomment ou écrivent le résultat : 7 + 9 ; 9 + 6 ; 9 + 9 ; 4 + 9 ; etc.*

Les nombres de 70 à 79

......	......	......	......	......

Compétence : Dénombrer des collections de 70 à 79 éléments en mettant en lien les désignations orale et écrite des nombres.

1 Lilou ne trouve pas de mot nouveau pour écrire la dizaine de 70.
Elle sait que les dizaines se nomment de la façon suivante :

10	20	30	40	50	60
dix	vingt	trente	quarante	cinquante	soixante

Mehdi lui dit : « C'est facile ! Tu utilises les mots que tu connais déjà, sans en inventer un nouveau ! » **Complète**.

70 → 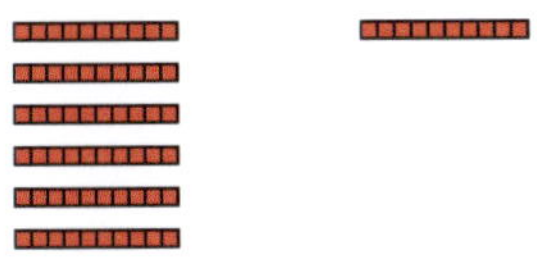 60 10 →

.... + ... = ...

soixante + dix

soixante-dix

2 **Complète** et **écris** les nombres de 71 à 73 en lettres.

71

.... + ...

soixante et ....

72

.... + ...

..................-douze

73

.... + ...

...............-...............

3 **Complète** et **écris** les nombres de 74 à 76 en lettres.

74

60 + ...

..................-quatorze

75

.... + ...

soixante-..................

76

.... + ...

...............-...............

4 **Complète** pour les nombres de 77 à 79.

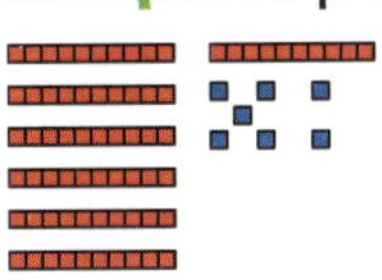

.... + 17

..................-dix-..................

78 : soixante-..................-..................

79 : ....-..................-neuf

Calcul mental : Retrancher des dizaines aux nombres donnés. *Ex. : Énoncer 46 – 10 ; les élèves écrivent le résultat. Idem avec 43 – 20 ; 36 – 30 ; 40 – 20 ; 29 – 10…*

NOMBRES ET CALCULS

Comparaison des nombres de 0 à 79

......	......	......	......	......

Compétences : Comparer et ranger les nombres de 0 à 79.

1 Mehdi fabrique des colliers de perles pour sa maman.
Compare les deux quantités de perles.

Entoure par 10 et **écris** le nombre.

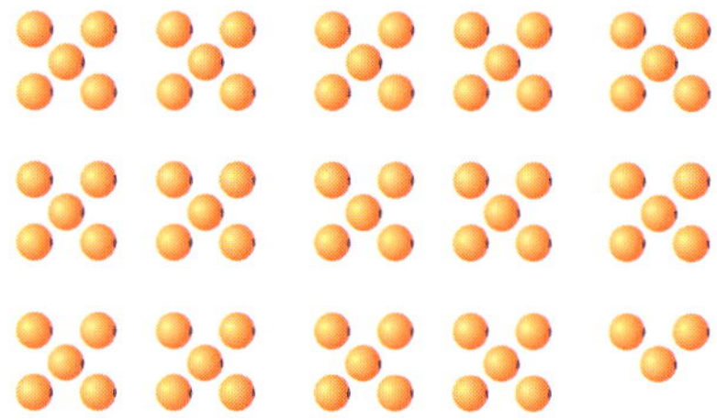

Écris le nombre.

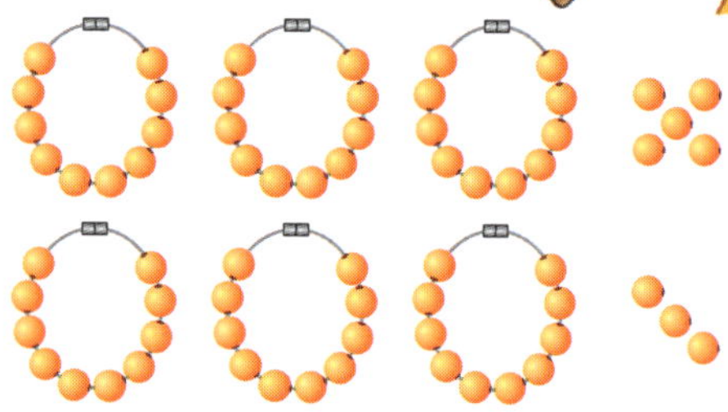

> ou <

....

2 **Dessine** le second nombre avec des dizaines et des unités, puis **compare**.

soixante-neuf

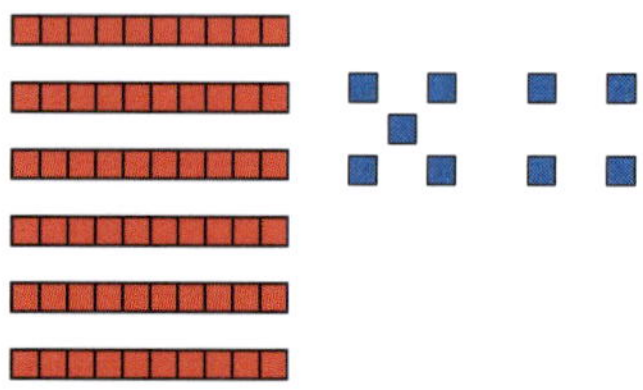

soixante-dix-sept

Entoure la bonne réponse.

Le nombre le plus grand est celui qui a le moins de dizaines.

Le nombre le plus grand est celui qui a le plus de dizaines.

3 **Complète** avec > ou <.

73	....	39	78	....	75	68	....	71
42	....	71	71	....	77	74	....	69

4 **Écris** les numéros des ballons dans l'ordre du plus petit au plus grand.

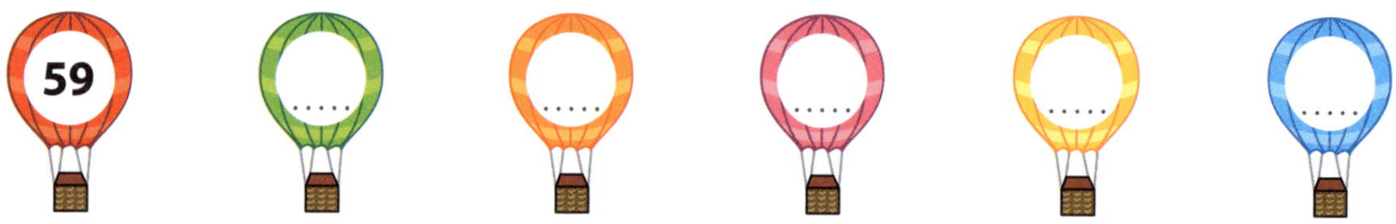

67 – 69 – 72 – 64 – 76 – 59

Calcul mental : S'entraîner sur la commutativité à partir des tables d'addition de 2 et de 3. *Ex. : Énoncer des additions des deux tables en combinant avec la commutativité : 2 + 3 ; 3 + 2 ; 3 + 8 ; 8 + 3 ; etc. Les élèves nomment ou écrivent le résultat.*

NOMBRES ET CALCULS

101 Décomposition du nombre 70

| .... | .... | .... | .... | .... |

Compétence : Décomposer le nombre 70 en utilisant des dizaines entières.

1 La maîtresse a commandé 70 cahiers.
Complète et **calcule** l'addition.

.... + ... + ... + ... + ... + ... + ... = 70

2 Lilou vérifie qu'il y a bien 70 cahiers.
Complète et **calcule** les additions.

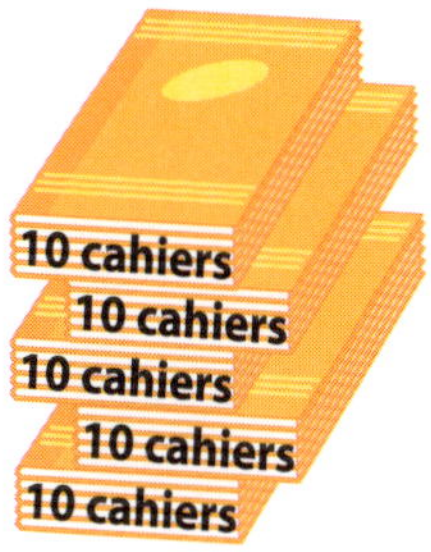

.... + ... = ...

  ....
+ ....
= ....

3 **Vérifie** qu'il y a bien 70 cahiers avec cette troisième possibilité.
Complète et **calcule** les additions.

.... + ... = ...

  ....
+ ....
= ....

4 Recherche d'autres possibilités de faire 70 en additionnant des dizaines entières.

60 + ... = 70

10 + ... = 70

30 + ... = 70

20 + ... = 70

Calcul mental : Lire et écrire les nombres ≤ 79. *Ex. : Montrer les nombres sur la bande numérique ; les élèves nomment ou écrivent les nombres en lettres.*

Les doubles des nombres jusqu'à 10

…… …… …… …… ……

Compétence : S'approprier les nombres ≤ 20 sous la désignation « double de ».

1 Mehdi fait **des doubles** avec ses dés. **Calcule** le total obtenu à chaque fois.

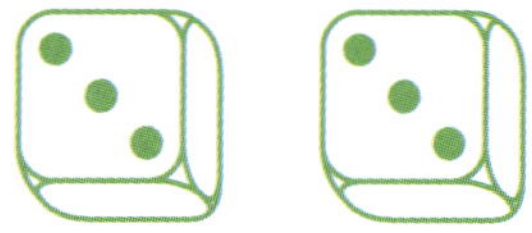

3 + 3 = …….

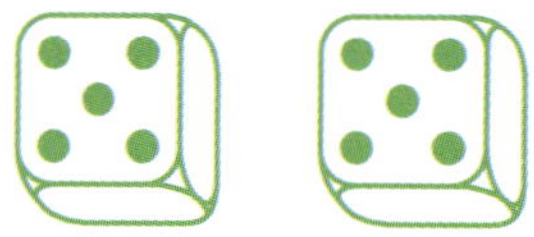

5 + 5 = …….

2 **Calcule** le total obtenu par Lilou en additionnant les 2 cartes identiques.

8 + 8 = …….

9 + 9 = …….

3 **Dessine** ce qu'il faut ajouter pour avoir **le double** de 7 papillons.

4 **Barre** ce qui est en trop pour avoir **le double** de 10 grenouilles.

5 **Complète** les phrases.

……. est **le double** de 10.

……. est **le double** de 7.

……. est **le double** de 6.

……. est **le double** de 8.

Complète la droite numérique.

63 ……. ……. ……. ……. ……. ……. 70 71 ……. ……. …….

Calcul mental : Calculer une somme de plusieurs nombres (total ≤ 79). *Ex. : Énoncer : 10 + 20 + 30 + 5 ; les élèves écrivent le résultat. Idem avec 20 + 20 + 10 + 1.*

Les moitiés des nombres jusqu'à 20

....

Compétence : S'approprier des nombres ≤ 10 sous la désignation « moitié de ».

1 **Entoure** les bonbons pour avoir deux paquets contenant le même nombre de bonbons.

.... est **la moitié** de 16.

2 **Dessine** les deux dés identiques pour faire le total indiqué.

.... + ... = 8

.... est **la moitié** de 8.

.... + ... = 12

.... est **la moitié** de 12.

3 **Complète** en additionnant les deux mêmes nombres comme dans l'exemple.

3 + 3 = 6

3 est **la moitié** de 6.

.... + ... = 14

.... est **la moitié** de 14.

.... + ... = 10

.... est **la moitié** de 10.

.... + ... = 18

.... est **la moitié** de 18.

4 Mehdi dit qu'il n'est pas possible de trouver **la moitié** de 17.

Dessine et fais tes essais.

Entoure la bonne réponse :

C'est possible.

Ce n'est pas possible.

Calcul mental : Nommer les doubles des nombres ≤ 10. *Ex. : Énoncer : 8 + 8 ; 7 + 7 ; 9 + 9 ; 5 + 5.*
Les élèves nomment ou écrivent le résultat.

Calcul réfléchi : le complément à la dizaine supérieure

....

Compétence : Utiliser une stratégie de calcul d'une addition en s'appuyant sur le complément à la dizaine supérieure.

1 Lilou et Mehdi doivent ajouter 9 cartes postales aux 24 cartes de leur album.
Colorie les nouvelles cases occupées.

J'en prends 6 pour compléter la page 3.

Je mets les 3 autres sur la page 4.

Complète la phrase : Lilou et Mehdi ont ...... cartes postales en tout.

2 **Suis** les étapes pour ajouter 8 boules vertes aux 34 boules rouges.

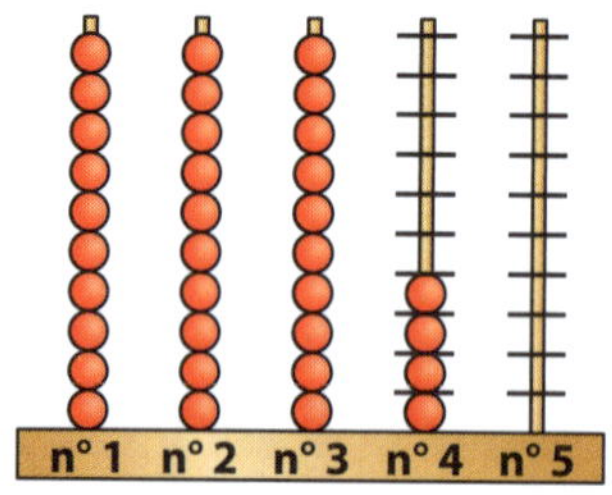

• **Étape 1 : Entoure** les boules vertes qui vont compléter la tige n° 4. 

• **Étape 2 : Dessine** les 8 boules vertes. **Complète**.

J'ajoute ...... boules vertes la tige n° 4. J'ajoute ...... boules vertes sur la tige n° 5.

34 + ... = 40 40 + ... = ... Au total, il y a ...... boules.

3 **Ajoute** 7 à 35 en utilisant la droite graduée.

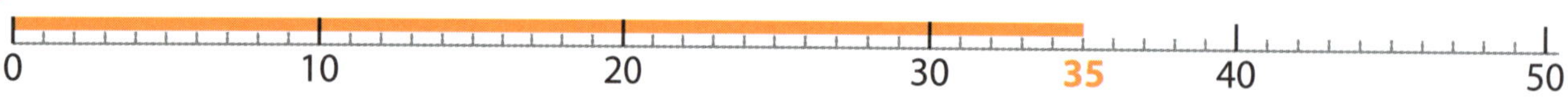

Complète.

J'ajoute ...... à 35 pour faire 40.

Je dois encore ajouter ....

35 + ... + ... = ...

35 + 7 = ...

4 **Complète**.

Pour ajouter 9 à 34

J'ajoute ...... à 34 pour faire 40.

Je dois encore ajouter ....

34 + ... + ... = ...

34 + 9 = ...

Pour ajouter 6 à 48

J'ajoute ...... à 48 pour faire 50.

Je dois encore ajouter ....

48 + ... + ... = ...

48 + 6 = ...

Calcul mental : Écrire des nombres ≤ 79 sous la dictée. *Ex. : Dicter un nombre. Les élèves l'écrivent.*

Bilan 7

Calcul mental

....	....	....	....	....	....	....	....	....	....

1 Mehdi mange la moitié des lapins en chocolat.

Complète.

Nombre total de lapins en chocolat : ....

La moitié pour Mehdi : ....

2 **Écris** les nombres.

4 est le double de ....

20 est le double de ....

14 est le double de ....

8 est la moitié de ....

9 est la moitié de ....

3 **Complète** en chiffres ou en lettres.

soixante-dix-huit ....

.... 72

soixante-dix-sept ....

4 **Complète** les additions.

50 + ... = 70

...... + 30 = 70

60 + ... = 70

5 **Calcule** les soustractions en ligne.

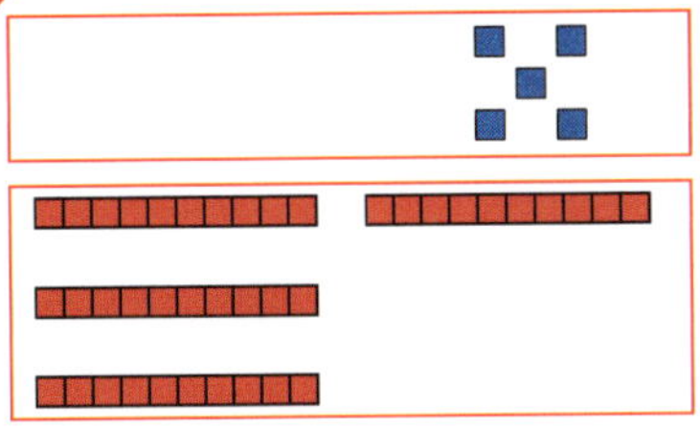

– 2 unités

– 3 dizaines

. . – . . = . .

6 **Compare** les nombres avec > ou <.

67 71

72 75

79 77

7 **Mesure** les segments avec la bande graduée de la leçon 96.

.......unités

.......unités

.......unités

106 Date, jours et semaine

....

Compétence : Repérer les durées : date, jours et semaine.

Observe le calendrier du mois de mai 2017.

Lundi	Mardi	Mercredi	Jeudi	Vendredi	Samedi	Dimanche
1	2	3	4	5	6	7
8	9	10	11	12	13	14
15	16	17	18	19	20	21
22	23	24	25	26	27	28
29	30	31				

1 **Écris** la date de chaque événement.

aller chez la dentiste ....

offrir du muguet ....

fêter l'anniversaire de Lilou ....

2 **Barre** les activités qui ne sont pas dans la semaine indiquée.

- du lundi 1er au dimanche 7 mai
- du lundi 8 au dimanche 15 mai

3 **Réponds** aux questions.

- Combien y a-t-il de jours dans une semaine ? ....
- Combien y a-t-il de jours du lundi 1er matin au dimanche 14 mai au soir ? ....
- Combien y a-t-il de jours du mardi 2 matin au vendredi 12 au soir ? ....

Calcul mental : S'entraîner sur la commutativité à partir des tables d'addition de 4 et de 5. *Ex. : Énoncer des additions des deux tables en combinant avec la commutativité : 4 + 7 ; 7 + 4 ; 5 + 6 ; 6 + 5 ; etc. Les élèves nomment ou écrivent le résultat.*

GRANDEURS ET MESURES

107 Lecture de l'heure

Compétence : Repérer le temps : lire les heures entières.

1 Mehdi explique : « Je regarde le nombre que la petite aiguille rouge indique. »
Complète l'heure indiquée par chaque pendule.

petit-déjeuner

Il est .... heures du matin.

récréation

Il est .... heures du matin.

déjeuner

Il est .... heures ou midi.

2 Lilou regarde les heures de l'après-midi.
Complète l'heure indiquée par chaque pendule.

Il est .... heures de l'après-midi.

Il est .... heures de l'après-midi.

3 **Entoure** la phrase exacte.

Il est 9 heures du matin.

Il est 12 heures ou midi.

Il est 6 heures du matin.

Il est 7 heures du soir.

Calcul mental : Ajouter ou retrancher des dizaines entières à un nombre à deux chiffres ≤ 79. *Ex. : Énoncer : 18 + 30 ; 48 – 20 ; 34 + 10 ; 65 – 40 ; 23 + 40… Les élèves nomment ou écrivent le résultat.*

108 Les questions des énoncés de problème

....	....	....	....	....

Compétence : Comprendre la structure syntaxique de l'énoncé : le rôle de la question.

1 Lilou veut connaître le nombre de billes qu'il lui reste après la récréation. Elle avait 24 billes avant la récréation ; elle en a perdu 10.

 →  → 

• **Complète** le texte pour mieux comprendre ce qu'elle cherche à savoir.

Lilou avait .... billes avant la récréation. Elle en a perdu ....

Question : Combien .... après la récréation ?

• **Complète** et **calcule** l'opération.

24 − .... = ...

• **Écris** la réponse.

Après la récréation, il lui reste ....

2 Mehdi a une boîte de 12 crayons de couleur. Il a aussi 9 autres crayons dans sa trousse.

• **Écris** la question que Mehdi peut se poser.

Question : .... ?

• **Complète** l'opération.

.... + ... = ...

• **Écris** la réponse.

Calcul mental : Trouver le complément à la dizaine supérieure. *Ex. Énoncer : 26 + ? = 30 ; 32 + ? = 40 ; 58 + ? = 60 ; etc. Les élèves écrivent le résultat.*

La soustraction (5)

......	......	......	......	......

Compétences : Organiser et traiter des calculs relevant de la soustraction en ligne.

1 Mehdi retire des paquets et des bonbons.

– 3 bonbons → bonbons seuls : 6 – 3 = ...

– 2 paquets → paquets de 10 : 5 – 2 = ...

Dessine les bonbons et les paquets qui restent après la soustraction de Mehdi.

Complète.

Total des paquets	Total des bonbons seuls
....	....

2 **Complète** pour calculer la soustraction.

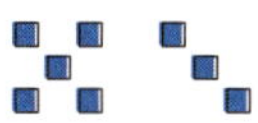

– 3 unités → unités : ...... – ...... = ...

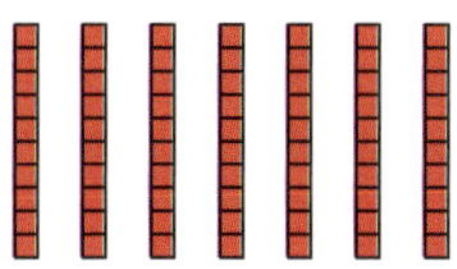

– 2 dizaines → dizaines : ...... – ...... = ...

78 – ...... = ...

3 **Calcule** la soustraction en commençant par les unités.

dizaines	unités
7	6

–

dizaines	unités
3	5

=

dizaines	unités
....	....

4 **Calcule** la soustraction en commençant par les unités.

d	u		d	u		d	u
8	4	–	3	2	=	.	.

Écris les nombres sur la bande numérique.

...	...	...	...	...	...	...	...	...	...	...	...	...	...	...	...	45	46	47	...

Calcul mental : Compter de 10 en 10 à partir d'un nombre donné. *Ex. : Les élèves comptent à tour de rôle : de 5 à 65 ; de 8 à 78 ; de 2 à 72 ; etc.*

Calculs en ligne

....	....	....	....	....

Compétences : Élaborer et utiliser une stratégie de calcul en ligne d'une addition de 3 nombres.

1 **Calcule** le total de ballons de Mehdi et Lilou.

20 + 10 = ...

10 + 20 = ...

.... + ... = ... + ...

2 **Calcule** les additions en ligne.

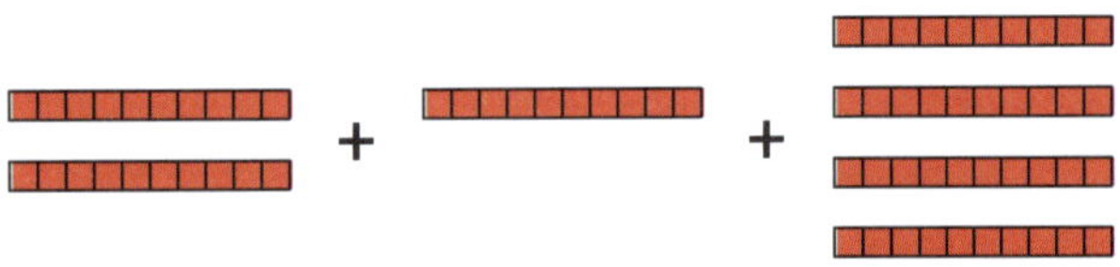

.... + ... + ... = ...

20 + 20 + 30 = ...

30 + 20 + 10 = ...

10 + 40 + 20 = ...

3 **Modifie** l'ordre et **calcule** les additions en ligne.

8 + 3 + 2 = 8 + ... + ...

10 + ... = ...

7 + 8 + 3 = 7 + ... + ...

10 + ... = ...

4 **Calcule** les additions en ligne.

(6) + 5 + (4) = ...

(2) + 4 + (8) = ...

(1) + (9) + 6 = ...

5 + 3 + 7 = ...

8 + 2 + 9 = ...

4 + 2 + 6 = ...

Calcul mental : Décomposer les nombres ≤ 79 en appui sur la dizaine entière. *Ex. : Énoncer : 76 = 70 + ? ; 69 = 60 + ? ; 55 = 50 + ? ; etc. Les élèves nomment ou écrivent la décomposition.*

Les nombres de 80 à 89

....

Compétence : Dénombrer des collections de 80 à 89 éléments en mettant en lien les désignations orale et écrite des nombres.

1 Chacun des enfants a 20 doigts : 10 doigts de mains et 10 doigts de pieds.
Complète le nombre de doigts de chacun et **calcule** le total de doigts.

.... + ... + ... + ... = ...

Complète.
Il y a quatre fois .... doigts. Ce nombre se dit : **quatre-vingts**.

2 **Écris** les nombres en chiffres.

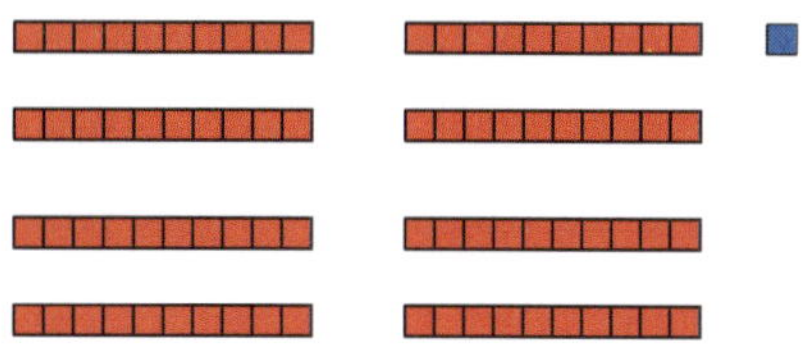

....

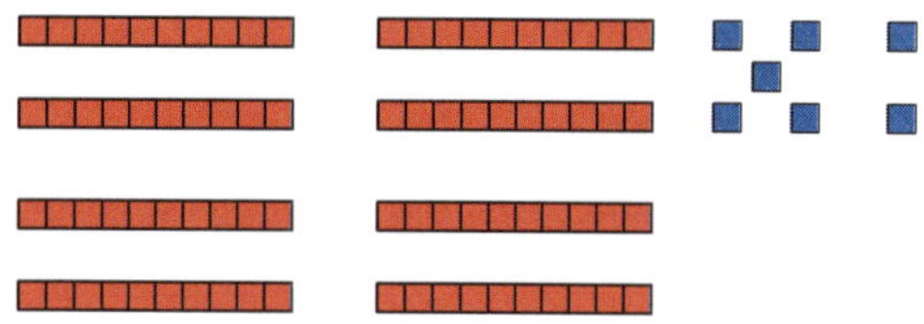

....

3 **Complète** les nombres en chiffres ou en lettres.

- .... : quatre-vingt-cinq
- .... : quatre-vingt-neuf
- 83 : ....................-....................-....................
- 88 : ....................-....................-....................

4 **Entoure** le nombre qui correspond.

quatre-vingt-six		quatre-vingt-deux		quatre-vingt-quatre	
86	46	42	82	44	84

Calcul mental : Calculer des sommes, des différences et des compléments. *Ex : 60 + 7 ; 67 – 7 ; 60 pour aller à 67 ; etc.*

Décomposition des nombres de 80 à 89

…… …… …… …… ……

Compétences : Composer et décomposer les nombres de 80 à 89 en s'appuyant sur la numération décimale.

1 Pour le pique-nique en forêt, l'école a acheté de la vaisselle jetable.

Calcule le nombre total d'assiettes.

……. + ……. = …….

Calcule le nombre total de gobelets.

……. + ……. = …….

2 **Écris** les nombres et **calcule** l'addition.

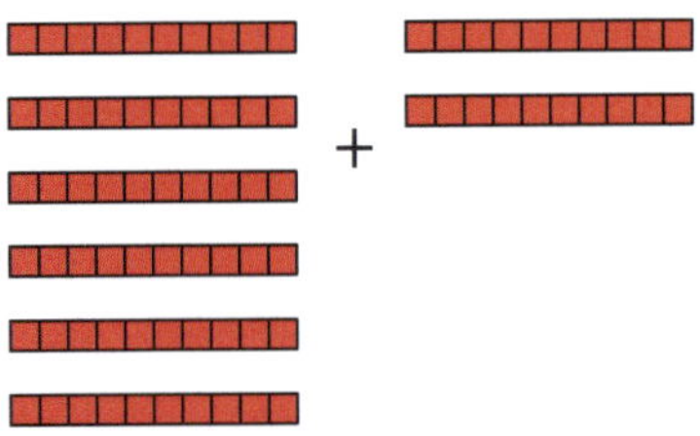

……. + ……. = …….

3 **Écris** d'autres manières d'obtenir un total de 80.

70 + ……. = 80

……. + 50 = 80

20 + ……. = 80

4 **Complète.**

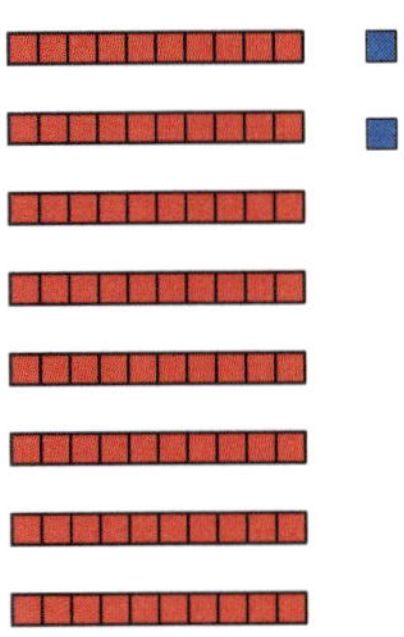

dizaines	unités
……..	……..

…….. dizaines et …….. unités

C'est le nombre ………….

5 **Complète** les additions.

83 = 80 + …….

85 = ……. + 5

87 = 80 + …….

86 = ……. + 6

Calcul mental : Repérer des moments de la journée grâce à la petite aiguille de la pendule. *Ex. : Montrer une heure sur la pendule à aiguilles qui ne soit pas une heure juste ; les élèves nomment le moment : « Il est plus tard que 11 heures. » ; « Il est plus tard que 9 heures. » ; etc.*

Comparaison des nombres de 0 à 89

......	......	......	......	......

Compétences : Comparer et ranger les nombres de 0 à 89.

1 **Dessine** les nombres avec les barres-dizaines et les unités.

quatre-vingt-quatre | soixante-seize

Écris les deux nombres en chiffres et **compare** avec > ou <.

....

Entoure la bonne réponse.

Soixante-seize est le plus grand car il a plus d'unités.

Quatre-vingt-quatre est le plus grand car il a plus de dizaines.

2 **Compare** avec les signes > ou <.

87	....	84	88	....	85	68	....	82
76	....	82	81	....	79	83	....	59

3 **Écris** les nombres dans l'ordre du plus petit au plus grand, le long du trajet de Litchi.

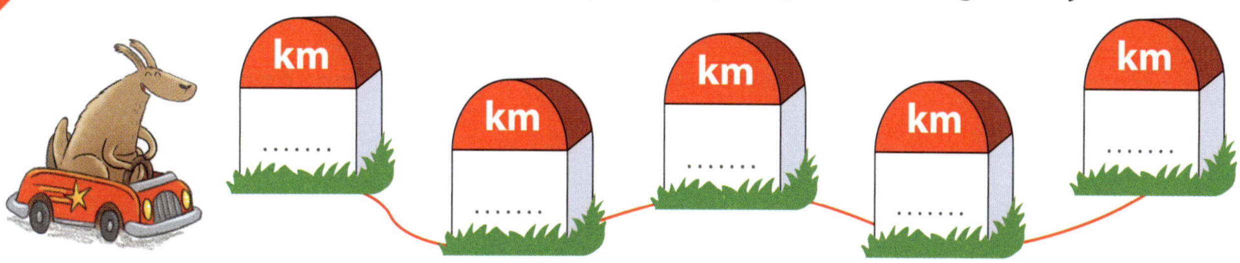

73 58 81 49 67

Litchi avance de 6, puis recule de 4. **Entoure** le nombre sur lequel il arrive.

66	67	68	69	70	71	72	73	74	75	76	77

Calcul mental : Lire et écrire les nombres ≤ 89. *Ex. : Montrer des nombres ≤ 89 sur la bande numérique en insistant sur les nombres compris entre 60 et 89 ; les élèves nomment ou écrivent les nombres en lettres.*

L'addition à retenue (1)

......	......	......	......	......

Compétences : Découvrir et mettre en œuvre une technique de l'addition à retenue.

1 La maîtresse demande que les crayons soient rangés par boîtes de 10. Lilou a déjà rangé 2 boîtes. Elle n'a pas terminé : il lui reste 12 crayons.
Complète son rangement et **écris** le nouveau résultat.

.... boîtes et .... crayons

2 Mehdi et Lilou rangent leurs crayons ensemble.
Calcule l'addition en regroupant par 10.

		.... boîte et .... crayons
		.... boîtes et .... crayons
Dessine le total des crayons de Mehdi et Lilou. N'oublie pas que 10 crayons ensemble forment 1 nouvelle boîte.		au total : .... boîtes et .... crayons

3 **Calcule** le total de boîtes et de crayons seuls sans échanger.

	2 boîtes	8 crayons
+	1 boîte	5 crayons
total	. boîtes	. . crayons

Échange si tu as 10 crayons ou plus.

+ .... boîte

	2 boîtes	8 crayons
+	1 boîte	5 crayons
total	. boîtes	. crayons

Calcul mental : S'entraîner sur la table d'addition de 7. *Ex. : Énoncer les additions du répertoire additif de 7 ; les élèves répondent oralement rapidement ou écrivent le résultat.*

NOMBRES ET CALCULS

115 L'addition à retenue (2)

....

Compétence : Mettre en œuvre une technique de l'addition à retenue.

1 **Observe** l'addition à retenue.

+ 1 calot

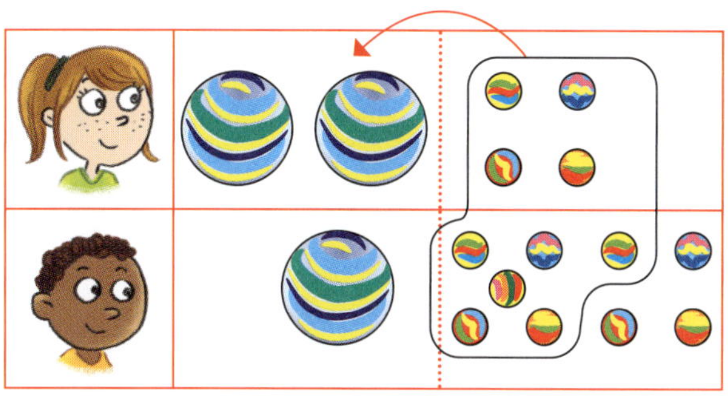

4 calots 3 billes

Dessine et **calcule** l'addition à retenue.

retenue + ...

1 calot et 6 billes		
2 calots et 8 billes		

..... calots ..... billes

2 **Regroupe** les pièces et **complète** l'addition.

+ ..... billet

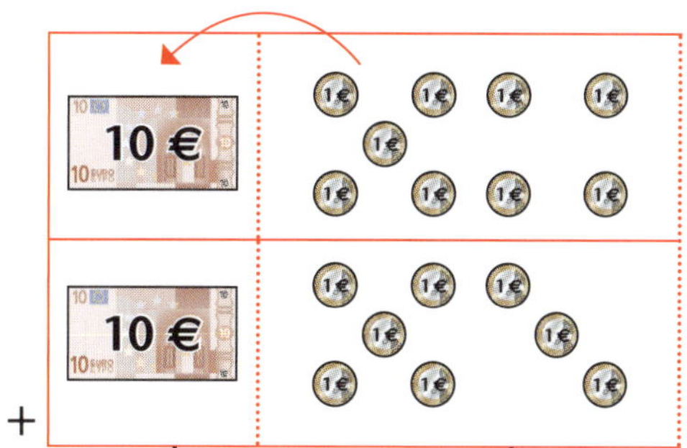

..... billets ..... pièces

Dessine et **calcule** l'addition à retenue.

retenue + ...

2 billets de 10 € et 7 pièces de 1 €		
1 billet de 10 € et 4 pièces de 1 €		

..... billets ..... pièces

3 **Regroupe** les unités et **complète** l'addition.

+ ..... dizaine

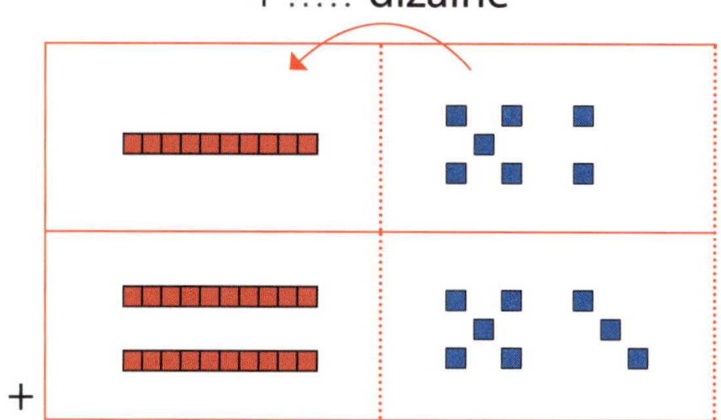

..... dizaines ..... unités

Calcule l'addition à retenue.

+ .....

	dizaines	unités
	2	5
+	1	7
Total	.....	.....

Calcul mental : Continuer une suite en comptant de 2 en 2. *Faire oraliser la suite des nombres en comptant de 2 en 2 ; changer d'élève pour prendre le relais.*

GRANDEURS ET MESURES

Comparaison d'objets selon leur masse

......	......	......	......	......

Compétences : Comparer des objets selon leur masse ; utiliser le vocabulaire approprié.

1 Lilou et Litchi jouent à la balançoire. Lequel des deux est **le plus lourd** ?

.... est **plus lourd que** ....

2 Lilou veut comparer les masses de la souris, de l'éléphant et du chat.
Complète avec *plus lourd(e) que* ou *moins lourd(e) que.*

Le chat est .... l'éléphant.

La souris est .... le chat.

Classe ces trois animaux du **plus lourd** au **moins lourd**.

....	....	....

3 **Complète** avec *plus lourd(e) que* ou *moins lourd(e) que.*

Le ballon de basket est .... que la balle de tennis.

4 **Dessine** le cartable et la trousse du bon côté de la balance pour que la phrase soit vraie.

La trousse est **moins lourde que** le cartable.

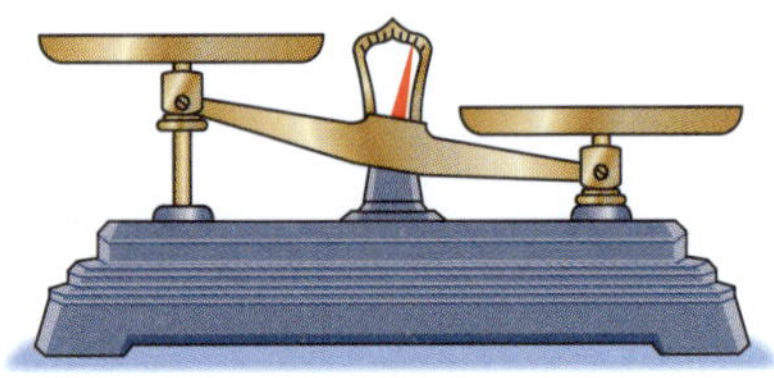

Calcul mental : S'entraîner sur la commutativité à partir des tables d'addition de 8 et de 9. *Ex. : Énoncer des additions des deux tables en insistant avec la commutativité : 9 + 3 et 3 + 9 ; 4 + 8 et 8 + 4 ; etc. Les élèves nomment ou écrivent le résultat.*

Utilisation de la balance : peser avec une unité

......	......	......	......	......

Compétence : Comparer les masses de plusieurs objets avec un objet intermédiaire.

1 Lorsque l'aiguille est au milieu, les deux objets ont la même masse.

La trousse a .... que le ballon.

2 Combien faut-il de balles de tennis pour faire la masse du ballon ?

Il faut .... balles de tennis pour faire la masse du ballon.

3 Lilou a pesé quatre objets avec des billes. **Aide**-la à écrire le résultat de chaque pesée.

La trousse pèse autant que .... billes.

Le livre pèse autant que .... billes.

Le cahier pèse

.... billes.

Le tube de colle pèse

.... billes.

Classe ces quatre objets du plus lourd au moins lourd.

....	....	....	....

4 Mehdi place le tube de colle et le cahier de l'exercice 3 sur le même plateau de la balance.
Dessine les billes pour faire la même masse sur l'autre plateau.

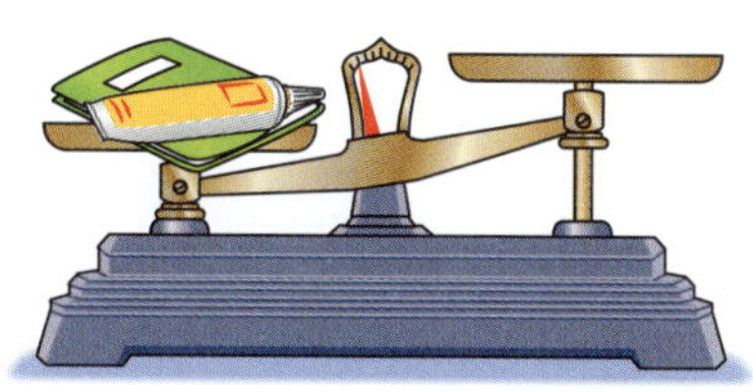

Calcul mental : Nommer la famille des dizaines à laquelle un nombre appartient. *Ex. : Énoncer le nombre 66 et sa famille : la famille des « soixante ». Les élèves nomment la famille pour : 67 ; 72 ; 31 ; 62 ; 75 ; 27 ; etc.*

Des mots pour comparer

Compétence : Distinguer le lexique de comparaison adapté à chaque type de grandeur.

1 Complète les phrases avec *plus, moins* ou *autant*.

Il y a ....
de cerceaux que de ballons.

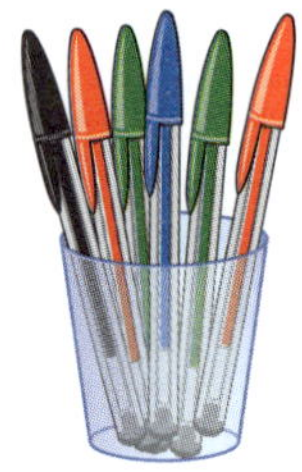

Il y a ....
de crayons que de stylos.

Il y a .... de filles que de garçons.

2 Complète avec *aussi longue que, moins longue que* ou *plus longue que.*

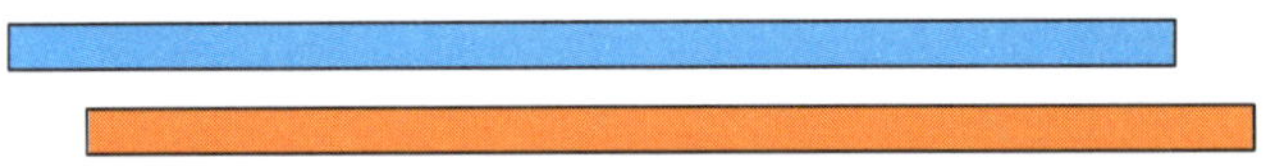

La bande orange est .... la bande bleue.

La bande rouge est .... la bande verte.
La bande verte est .... la bande rouge.

3 Complète avec *moins lourd(e) que, aussi lourd(e) que* ou *plus lourd(e) que.*

Le melon est .... la tomate.
La tomate est .... le melon.

Le melon est .... le paquet de farine.

Calcul mental : Écrire des nombres ≤ 89 sous la dictée. *Ex. : Dicter : 89 ; 68 ; 73 ; 65 ; 84 ; 79… en insistant sur les nombres de 60 à 89. Les élèves les écrivent.*

Bilan 8

Calcul mental

....	....	....	....	....	....	....	....	....	....

1 **Écris** l'heure.

Il est .... de l'après-midi.

Il est .... du matin.

2 **Dessine** un ballon dans la main **gauche** de Mehdi et un cerceau dans la main **droite** de Lilou.

3 **Complète** les additions.

40 + ... = 80

50 + ... = 80

70 + ... = 80

4 **Écris** les nombres en chiffres ou en lettres.

- .... : quatre-vingt-sept
- .... : quatre-vingt-six
- 84 : ....................-....................-....................
- 88 : ....................-....................-....................

5 **Entoure** le nom de l'objet le plus lourd.

brique de lait — bouteille d'eau

6 **Compare** les nombres avec > ou <.

74 85

87 83

77 67

7 **Calcule** les soustractions.

d	u		d	u		d	u
7	6	−	5	2	=	.	.

d	u		d	u		d	u
8	9	−	4	5	=	.	.

NOMBRES ET CALCULS

120 Les nombres de 90 à 99

....

Compétence : Dénombrer des collections de 90 à 99 éléments en mettant en lien les désignations orale et écrite des nombres.

1 La maman de Lilou ajoute l'empreinte des 10 doigts de ses mains à l'affiche des mains et des pieds des enfants.
Complète.

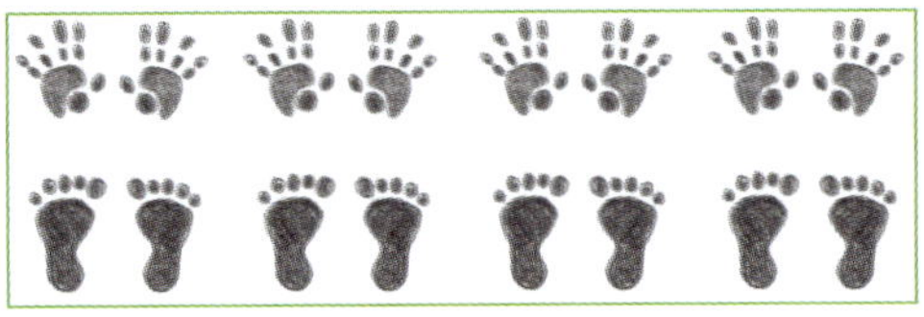

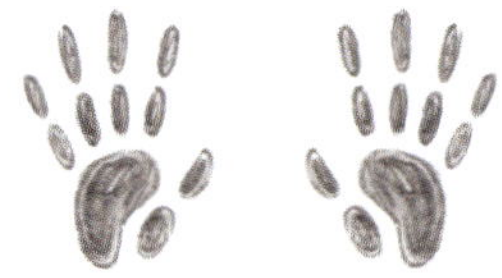

.... 10

.... + ... = 90

quatre-vingt-dix

2 **Écris** les nombres en lettres.

70	80	90
................-................	................-................	..........-..........-..........

3 **Complète** les additions, puis **écris** le résultat en lettres en utilisant les étiquettes des nombres.

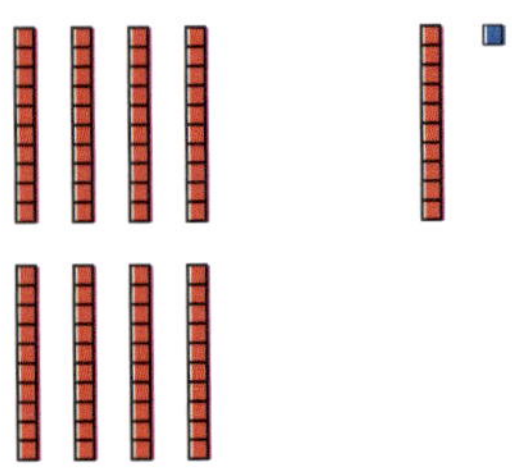

.... + ... = ...

vingt | quatre | onze

....

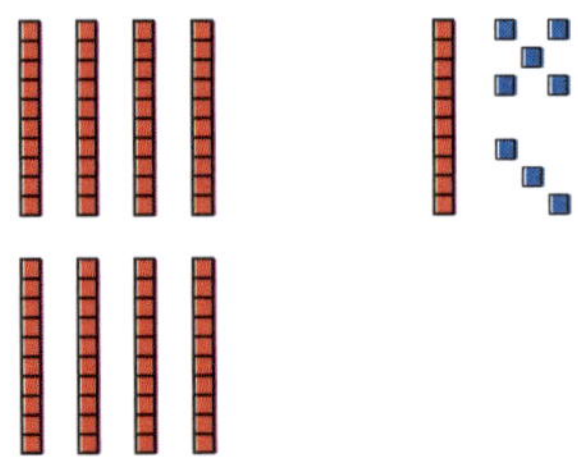

.... + ... = ...

huit | dix | vingt | quatre

....

4 **Écris** les nombres en chiffres.

quatre-vingt-quatorze ....

quatre-vingt-treize ....

quatre-vingt-seize ....

Calcul mental : Résoudre des problèmes additifs ou soustractifs. *Ex. : Énoncer des problèmes du type : « Lilou range 34 perles vertes et 16 perles jaunes. Combien en a-t-elle rangé ? » ; « Mehdi avait 70 billes. Il n'en a plus que 40. Combien en a-t-il donné à Lilou ? »*

Décomposition des nombres de 90 à 99

....

Compétences : Composer et décomposer les nombres de 90 à 99 en s'appuyant sur la numération décimale.

1 Mehdi a découpé des ribambelles de 20 bonshommes.
Complète et **calcule** l'addition.

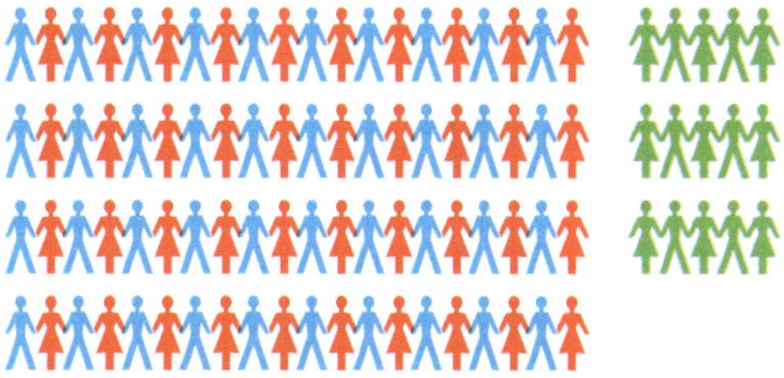

.... + 15 = ...

Lilou a découpé le même nombre de personnages que Mehdi, mais groupés par 10.
Complète et **calcule** l'addition.

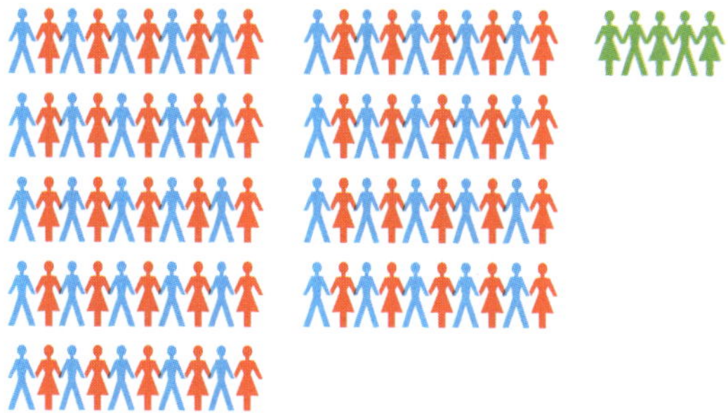

.... + 5 = ...

2 **Complète** les additions.

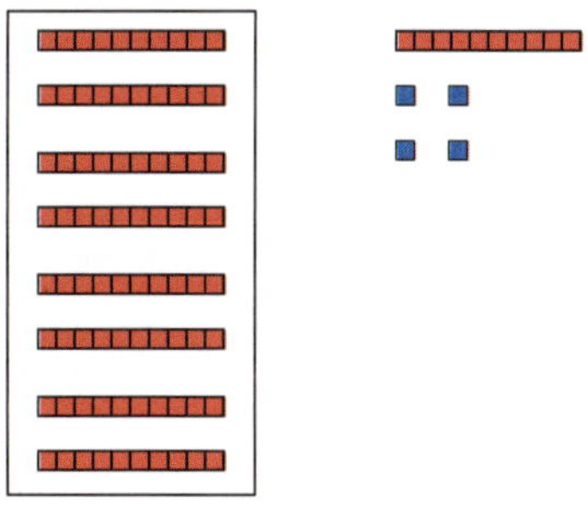

.... + 14 = 94

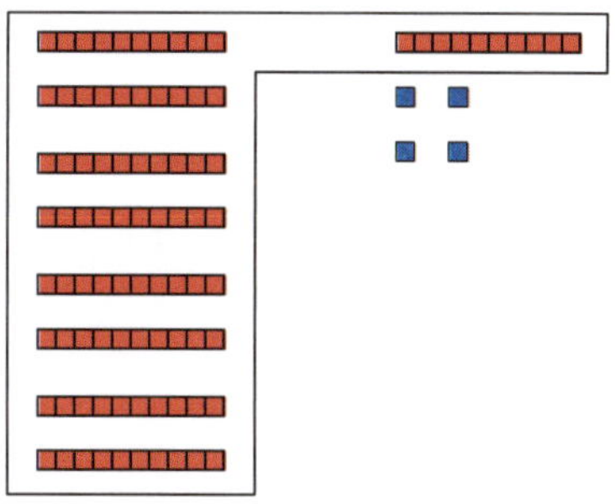

.... + 4 = 94

.... + 12 = 92

.... + 7 = 97

.... + 16 = 96

.... + 1 = 91

3 Les têtes tombent au chamboule-tout.
Complète l'addition.

60 + 30 = ...

Écris d'autres possibilités pour avoir un total de 90.

.... + ... = 90

.... + ... = 90

.... + ... = 90

Calcul mental : S'entraîner sur les compléments à 10 et sur les compléments à la dizaine supérieure. *Ex. Énoncer : 1 + 9 ; 8 + 2 ; 15 + 5 ; 8 + 22 ; 23 + 7 ; 68 + 2. Les élèves nomment ou écrivent les résultats.*

Comparaison des nombres de 0 à 99

......	......	......	......	......

Compétences : Comparer, encadrer et ranger les nombres de 0 à 99.

1 **Écris** les nombres en chiffres sur la bande numérique, pour aider Litchi.

vingt-sept	quarante-sept	quatre-vingt-neuf
quatre-vingt-un	dix-neuf	quatre-vingt-dix-sept

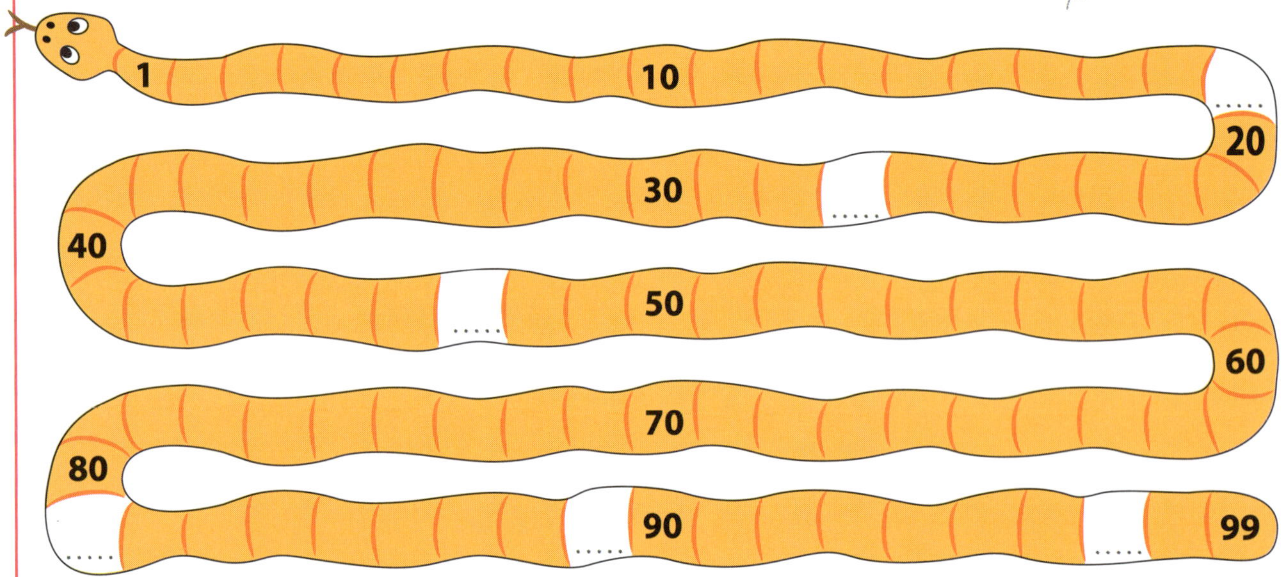

Compare les nombres de la bande numérique.
Complète avec **>** ou **<**.

quarante-sept .... quatre-vingt-un

quatre-vingt-neuf .... quatre-vingt-dix-sept

2 **Écris** le nombre qui vient **juste avant** ou **juste après**.

- juste avant : .... < 90 | .... < 70 | .... < 60
- juste après : 39 < .... | 79 < .... | 89 < ....

3 **Range** les nombres dans la bonne colonne.

95 57 84 65 72 48

4 dizaines	5 dizaines	6 dizaines	7 dizaines	8 dizaines	9 dizaines
....	....	....	....	....	....

Calcul mental : Lire et écrire les nombres ≤ 99. *Ex. : Montrer des nombres ≤ 99 sur la bande numérique ; les élèves lisent les nombres. Dicter des nombres ≤ 99 ; les élèves les écrivent.*

L'addition à retenue (3)

......	......	......	......	......

Compétence : Mettre en œuvre une technique de calcul posé de l'addition à retenue.

1 **Regroupe** les billes de Lilou et Mehdi en paquets de 10 et **écris** le résultat de l'addition.

+ .....

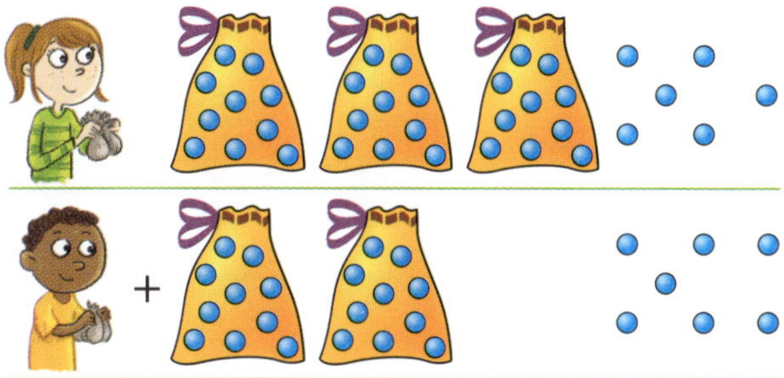

..... paquets et ..... billes

Calcule l'addition à retenue.

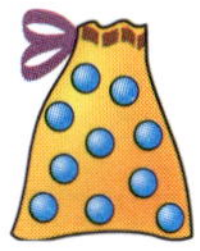 retenue + ...	
3	6
+ 2	7
....	....

2 **Regroupe** les unités en dizaine et **écris** le résultat de l'addition.

+ .....

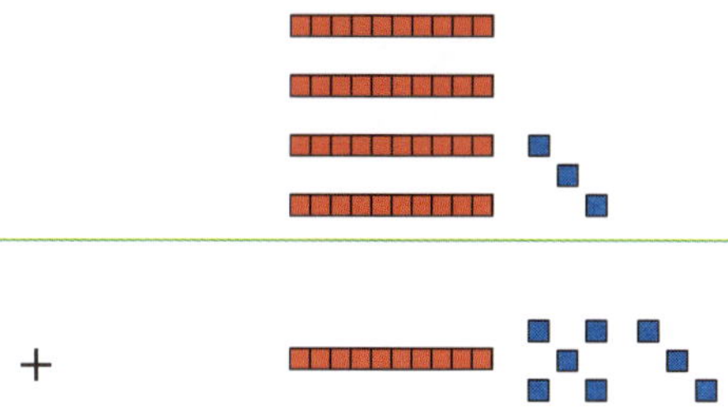

..... dizaines et ..... unité

Calcule l'addition à retenue.

dizaines retenue + ...	unités
4	3
+ 1	8
....	....

3 **Calcule** les additions.

dizaines	unités
retenue + ...	
3	8
+ 2	4
.	.

retenue + ...	
4	8
+ 1	7
.	.

retenue + ...	
2	9
+ 3	6
.	.

Calcul mental : Nommer les doubles des nombres ≤ 10. *Ex. : Énoncer : 8 + 8 ; 7 + 7 ; 9 + 9 ; 5 + 5.*
Les élèves nomment ou écrivent le résultat.

Problèmes sur les masses (1)

Compétence : Résoudre des problèmes sur les grandeurs impliquant addition ou soustraction de masses.

1 En revenant des courses, papa porte un sac de provisions de 4 kg et un pack de bouteilles d'eau minérale de 9 kg.

Quelle est la masse en kilogrammes de l'ensemble des courses ?

• **Colorie** sur la bande numérique ce que porte papa : en bleu pour l'eau et en vert pour le sac.

1 case représente 1 kg.

1	2	3	4	5	6	7	8	9	10	11	12	13	14	15	16	17	18	19	20

• **Écris** et **calcule** l'opération.

....

• **Écris** la réponse à la question.

2 Litchi pèse 25 kg. Lilou pèse 20 kg.

Quelle est la différence de masse, en kilogrammes, entre les deux personnages ?

• **Colorie** la masse de chaque personnage sur les deux bandes numériques.

	5 kg	10 kg	15 kg	20 kg	25 kg	30 kg
Litchi						
Lilou						

• **Écris** et **calcule** l'opération.

....

• **Écris** la réponse à la question.

Calcul mental : Compter de 2 en 2 à partir d'un nombre pair ou impair. *Ex. : Un élève commence à compter de 2 en 2 à partir de 21 ; au signal de l'enseignant, un autre élève prend le relais. Refaire en partant de 34 ; 43 ; 22 ; etc.*

Problèmes sur les masses (2)

....

Compétence : Résoudre des problèmes sur les grandeurs impliquant une comparaison de masses.

1 Le chat pèse 3 kg.
Le chien pèse 11 kg **de plus** que le chat.
Combien pèse le chien ?

• **Colorie** la bande numérique pour mieux comprendre le problème.

le chat

0 1 2 3 4 5 6 7 8 9 10 11 12 13 14 15 16

le chien

• **Écris** et **calcule** l'opération.

....

• **Écris** la réponse à la question.

2

Le labrador pèse 30 kg.
L'épagneul pèse 17 kg **de moins** que le labrador.

Combien pèse l'épagneul ?

• **Colorie** la bande numérique pour mieux comprendre le problème.

le labrador

0 5 10 15 20 25 30 35

l'épagneul

• **Écris** et **calcule** l'opération.

....

• **Écris** la réponse à la question.

Calcul mental : Lire et écrire des nombres compris entre 60 et 99. *Ex. : Montrer des nombres sur la bande numérique ; les élèves les nomment, puis les écrivent en lettres.*

126 Calcul réfléchi : addition par ajouts successifs (1)

...... | ...... | ...... | ...... | ......

Compétence : Utiliser une stratégie de calcul réfléchi par ajouts successifs des unités puis des dizaines au nombre initial.

1 Mehdi a eu un vélo à 73 € et un casque à 15 €.

Calcule le prix total des deux objets.

- Ajoute d'abord le billet de 5 € au prix du vélo : 73 + 5 = ...
- Ajoute ensuite le billet de 10 € au premier résultat : ...... + 10 = ...

Les deux objets valent ensemble ...... €.

2 **Calcule** la somme totale en deux étapes.

62 € et

- Additionne d'abord les unités. 62 + ... = ...
- Additionne ensuite les dizaines. ...... + 20 = ...

62 + 24 = ...

23 € et

- Additionne d'abord les unités. 23 + ... = ...
- Additionne ensuite les dizaines. ...... + 30 = ...

23 + 33 = ...

3 **Calcule** les additions en deux étapes.

35 + 24

35 + ... = ...

...... + ... = ...

35 + 24 = ...

46 + 32

46 + ... = ...

...... + ... = ...

46 + 32 = ...

Calcul mental : Écrire les nombres entre 60 et 99. *Ex. : Dicter des nombres entre 60 et 99 ; les élèves les écrivent.*

127 Le cube

Compétence : Reconnaître le cube parmi des solides variés.

1 **Barre** les **solides** qui ne sont pas des **cubes**.

2 **Écris** le nombre de **faces** du **cube** de Mehdi.

Le **cube** a .... **faces**.

3 Lilou a utilisé les **faces** d'un **cube** pour tracer ces figures sur le quadrillage.
Quelle est la forme des **faces** du **cube** ? **Entoure** la bonne réponse.

rectangles

carrés

Calcul mental : Réciter la suite numérique de 30 à 99 dans l'ordre croissant ou décroissant. *Ex. : Faire réciter la suite numérique de 30 jusqu'à 99 ; un élève commence, d'autres prennent le relais. Faire de même dans l'ordre décroissant.*

Le pavé droit

…… …… …… …… ……

Compétence : Reconnaître le pavé droit parmi des solides variés.

Observe les boîtes.

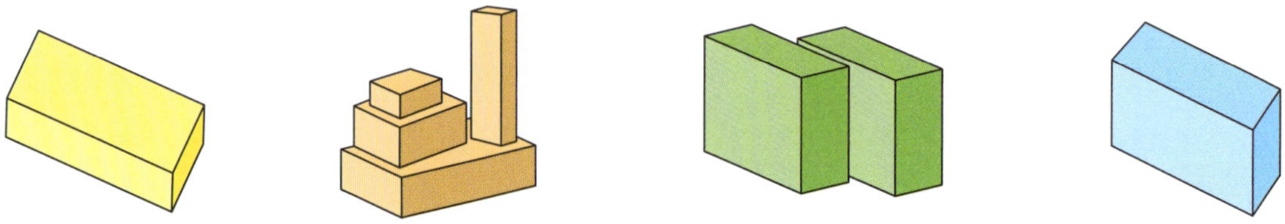

En géométrie, on appelle ces boîtes des **pavés droits.**

1 **Barre** les **solides** qui ne sont pas des **pavés droits.**

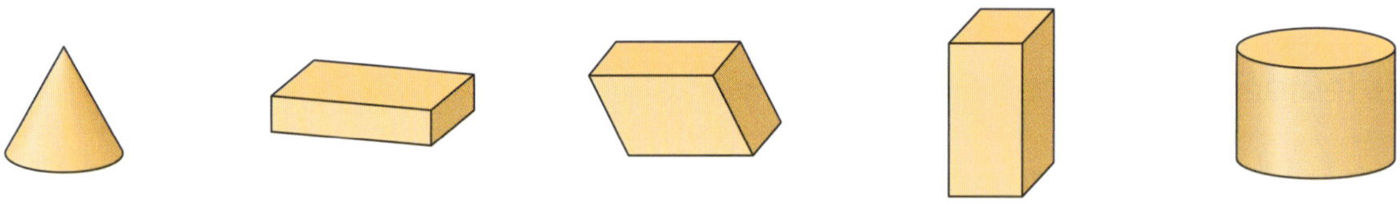

2 **Écris** le nombre de **faces** du **pavé droit.**

Le **pavé droit** a ……… **faces.**

3 Mehdi a utilisé les **faces** d'un **pavé droit** pour tracer ces figures sur le quadrillage.
Quelle est la forme des **faces** du **pavé droit** ? **Entoure** la bonne réponse.

rectangles

carrés

Calcul mental : S'entraîner sur les doubles des nombres jusqu'à 10 et les moitiés des nombres jusqu'à 20. *Ex. : Énoncer : 8 ; 3 ; 10 ; 9 ; 7 ; 1 ; 5 ; 4 ; 2 ; 6. Les élèves écrivent les doubles. Énoncer : 14 ; 20 ; 10 ; 4 ; 16 ; 6 ; 18 ; 2 ; 8 ; 12. Les élèves écrivent les moitiés.*

PROBLÈMES

Mettre en relation la question et les informations

Compétence : Choisir les informations en fonction du libellé précis de la question.

1 Maman a acheté le pantalon le moins cher et le pull bleu.
Combien a-t-elle dépensé ?

• Quel est le prix du pantalon qu'elle choisit ?

Le pantalon .... coûte ....

• Quel est le prix du pull-over qu'elle choisit ?

Le pull .... coûte ....

• **Écris** et **calcule** l'opération.

....

• **Écris** la réponse à la question.

2 Lilou a 28 billes au total. Elle donne toutes ses billes vertes à Mehdi.
Combien lui reste-t-il de billes ?

Quelles billes Lilou donne-t-elle à Mehdi ? ....

Combien lui en donne-t-elle ? ....

• **Écris** et **calcule** l'opération.

....

• **Écris** la réponse à la question.

Calcul mental : S'entraîner sur les tables d'addition de 2 à 9. *Ex. : Énoncer des additions des tables de 2 à 9. Les élèves nomment ou écrivent le résultat.*

130

ESPACE ET GÉOMÉTRIE

Les mots de la géométrie

Compétence : Utiliser un langage géométrique précis et adapté.

C'est la fête des mots de la géométrie.

1 **Complète** les phrases avec les mots de la géométrie.

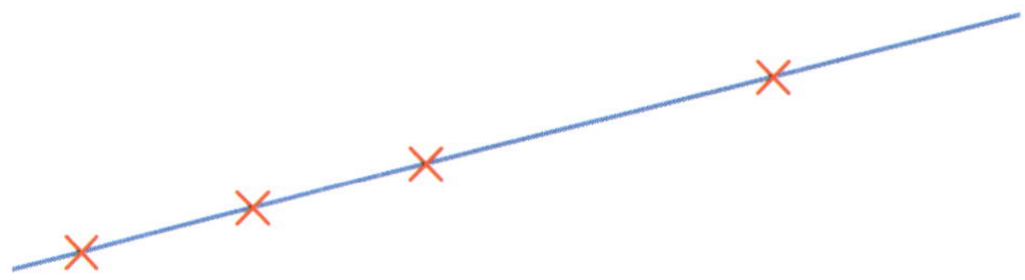

• Toutes les croix × sont ....

• Elles sont sur la même ....

2 **Complète** les phrases avec les mots de la géométrie.

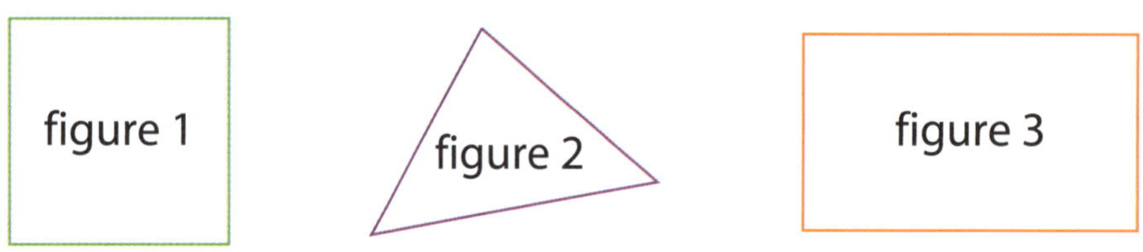

• La figure 1 est un .... Elle a 4 ....

• La figure 2 est un .... Elle a 3 ....

• La figure 3 est un .... Elle a 4 ....

3 **Complète** avec les mots de la géométrie.

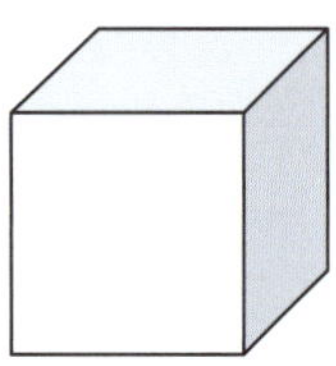

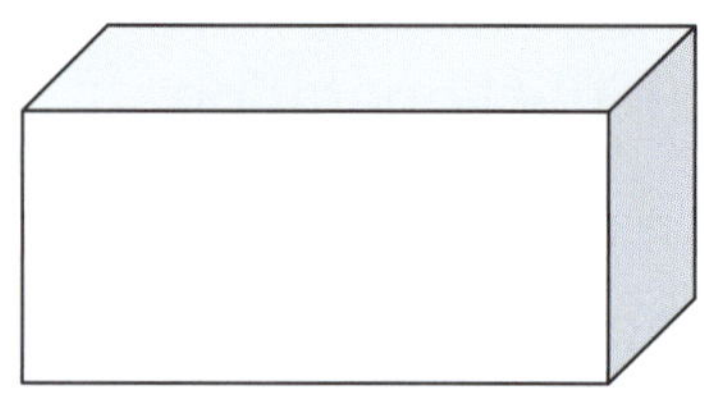

un .... un ....

Colorie en jaune une face du cube et en rouge une face du pavé droit.

Calcul mental : Donner le nombre qui précède ou qui suit un nombre donné. *Ex : Énoncer : 85 ; 79 ; 69 ; 74 ; 39 ; etc. Les élèves écrivent le nombre qui suit. Énoncer : 88 ; 80 ; 69 ; 79 ; 40 ; 70 ; etc. Les élèves écrivent le nombre qui précède.*

Bilan 9

Calcul mental

....	....	....	....	....	....	....	....	....	....

1 Écris les nombres en chiffres.

quatre-vingt-onze	....
quatre-vingt-quatorze	....
quatre-vingt-huit	....
quatre-vingt-treize	....

2 Écris les nombres en lettres.

92 ....

82 ....

95 ....

75 ....

3 Complète les additions.

95 = ... + 15

92 = ... + 2

93 = 80 + ...

96 = 90 + ...

4 Complète par le nombre qui vient avant ou après.

.... < 90

.... < 80

69 > ....

89 > ....

5 Calcule les additions.

6 + 19 + 4 = ...

12 + 25 + 8 = ...

27 + 34 + 3 = ...

6 Calcule les additions en deux étapes.

32 + 24

32 + ... = ...

.... + ... = ...

45 + 32

45 + ... = ...

.... + ... = ...

7 Entoure le cube en rouge et le pavé droit en vert.

Révision des nombres de 0 à 99 (1)

Compétence : Mettre en relation les désignations orale et écrite des nombres de 0 à 99.

1 **Écris** les nombres indiqués dans la grille de mots croisés.

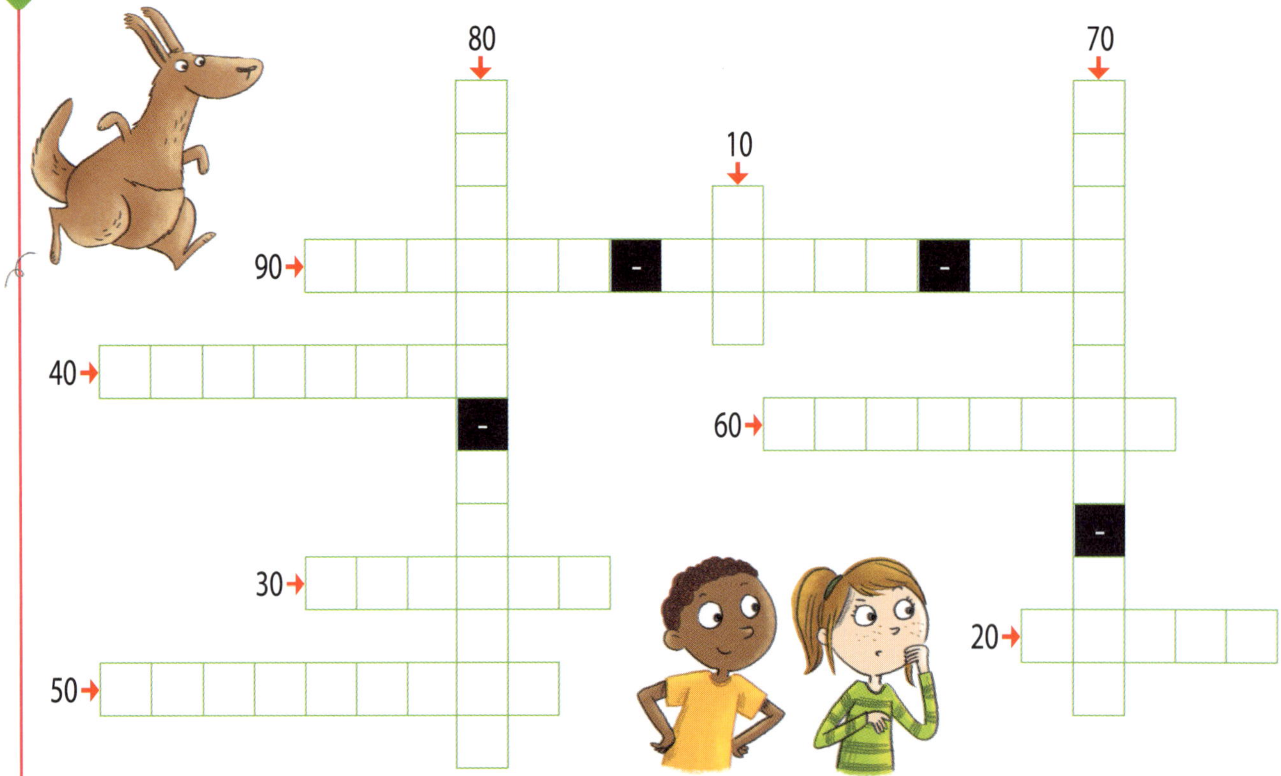

2 **Écris** les nombres en chiffres.

quarante-sept	....
soixante-trois	....
vingt-neuf	....
soixante-treize	....
quatre-vingt-treize	....

3 **Écris** les nombres en lettres.

23 ....

57 ....

88 ....

94 ....

4 **Entoure** le nombre exact.

soixante-neuf :	96	ou	69
quarante-six :	46	ou	64
cinquante-sept :	75	ou	57

5 **Écris** les **doubles** des nombres.

3 → .... 5 → .... 9 → .... 7 → ....

Écris les **moitiés** des nombres.

6 → .... 12 → .... 18 → .... 16 → ....

Calcul mental : Comparer des nombres jusqu'à 99 en utilisant les signes < ou >. *Ex. : Écrire au tableau les nombres : 78 et 87 ; 89 et 79 ; 64 et 74 ; 75 et 65. Les élèves les comparent avec < ou >.*

Révision des nombres de 0 à 99 (2)

....	....	....	....	....

Compétences : Comparer et ranger les nombres de 0 à 99.

1 **Compare** les nombres avec > ou <.

69 96

57 75

84 48

83 38

2 **Compare** les nombres avec > ou <.

28 24

37 39

84 86

95 91

3 **Range** les nombres à la bonne place dans le tableau.

73 66 82 75 93 64 98 89 61 71 81 91

6 dizaines	7 dizaines	8 dizaines	9 dizaines
....	....	....	....
....	....	....	....
....	....	....	....

• **Range** les nombres dans l'**ordre croissant**.

61	....	....	71	....	....	81	....	....	91	....	....

Calcul mental : Trouver un nombre compris entre deux nombres donnés. *Ex. : Énoncer des couples de nombres du type « 79 et 81 ». Les élèves nomment ou écrivent le nombre qui se trouve entre les deux nombres donnés.*

Révision des nombres de 0 à 99 (3)

....

Compétences : Composer et décomposer les nombres de 0 à 99 en s'appuyant sur la numération décimale.

1 Lilou construit des tours de 10 cubes. **Écris** et **calcule** l'addition.

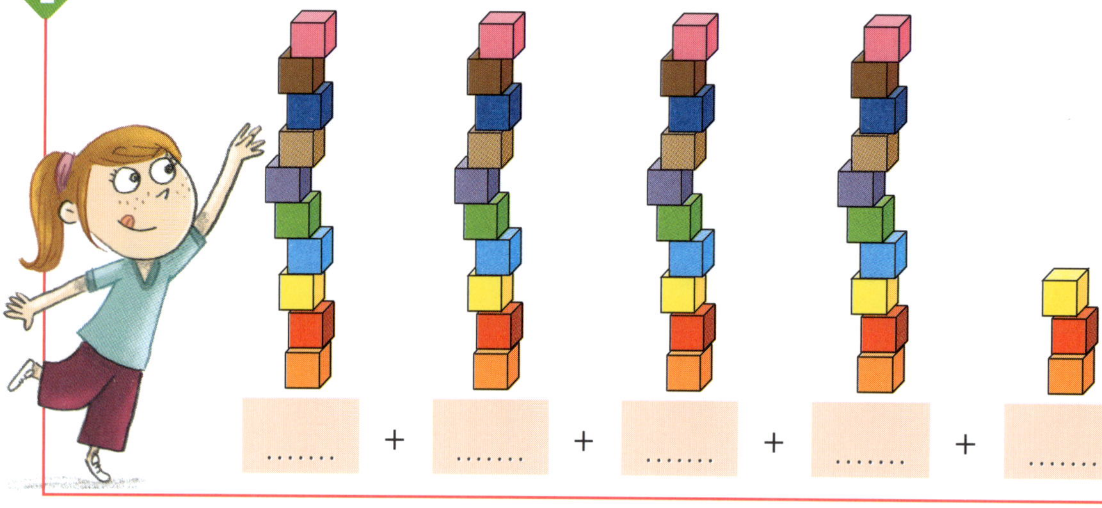

.... + ... + ... + ... + ... = ...

2 **Complète** les additions.

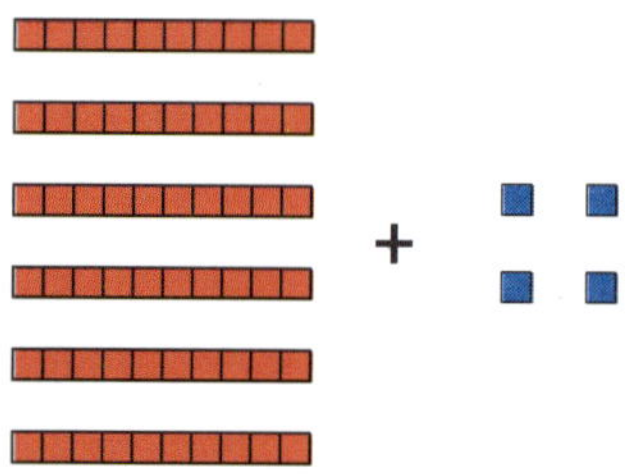

.... + ... = 64

.... + 4 = 54

60 + ... = 62

.... + 8 = 78

80 + ... = 83

3 **Calcule** les additions.

20 + 40 = ...

50 + 30 = ...

60 + 10 = ...

4 **Complète** les additions.

.... + 10 = 80

.... + 30 = 70

.... + 20 = 90

5 **Additionne** les lignes et **additionne** les colonnes.

20	4	24
30	5	....
....	9	= ....

50	6	....
40	2	....
....	....	= ....

Calcul mental : Décomposer des nombres ≤ 99 en appui sur une dizaine entière. *Ex. : Énoncer : 99 = 80 + ? ; 67 = 60 + ? ; 74 = 4 + ? ; 61 = 60 + ? ; etc. Les élèves nomment ou écrivent le nombre manquant.*

Reproduction de figures sur quadrillage

Compétence : Reproduire un carré, un rectangle et un triangle sur papier quadrillé.

1 Lilou a réalisé un moulin à vent dans un petit quadrillage. Mehdi veut le réaliser de la même manière dans un quadrillage plus grand. **Aide**-le.

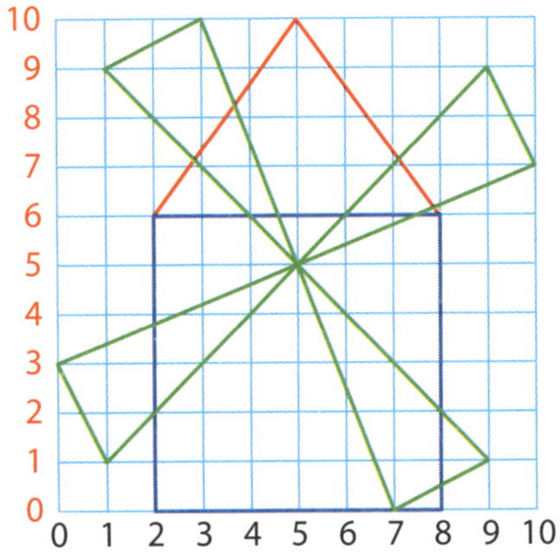

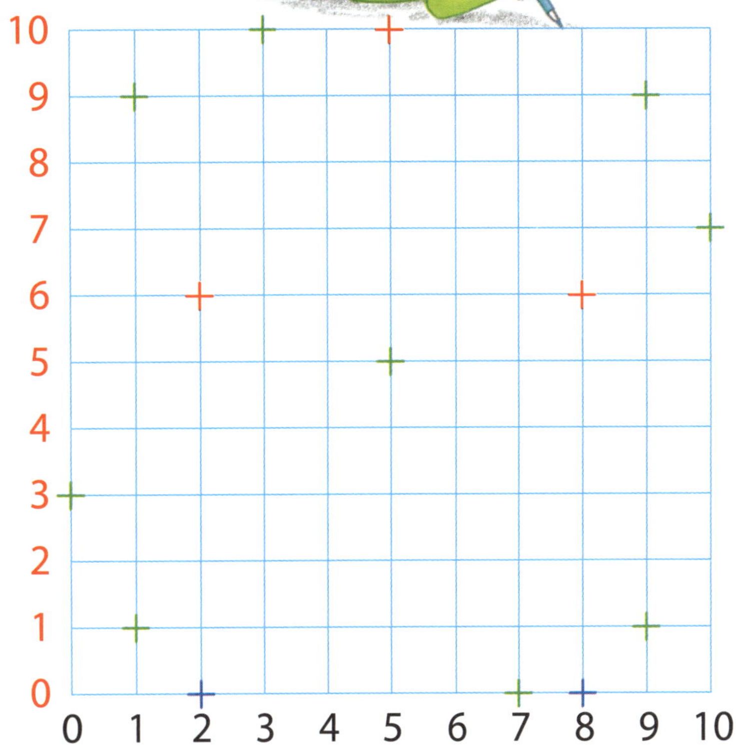

2 **Continue** la frise en respectant les formes et les dimensions.
Tu peux colorier les maisons de la rue comme tu le souhaites.

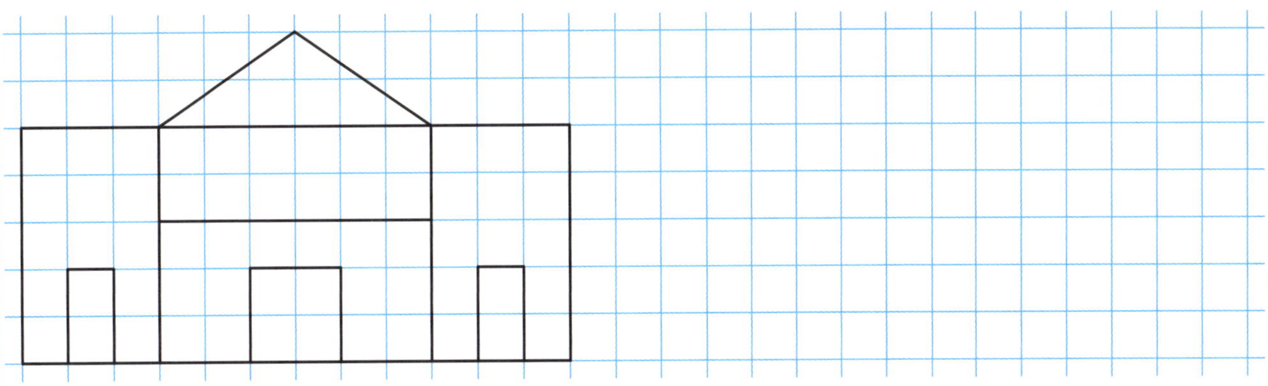

Calcul mental : Recomposer des nombres ≤ 99. *Ex. : Énoncer : 50 + 8 ; 90 + 3 ; 60 + 15 ; 80 + 13 ; etc. Les élèves nomment ou écrivent le résultat.*

Problèmes soustractifs

Compétence : Résoudre des problèmes conduisant à utiliser la soustraction en ligne.

1 Lilou et Mehdi ont chacun découpé une bande de papier.
La bande rouge de Mehdi mesure 24 carreaux.
La bande bleue de Lilou mesure 11 carreaux **de moins** que celle de Mehdi.

Combien mesure la bande de papier de Lilou ?

• **Utilise** le quadrillage pour tracer et colorier les 2 bandes.

Mehdi

0 5 10 15 20 25

Lilou

Fais tes essais.

• **Écris** et **calcule** l'opération en utilisant la soustraction.

....

• **Écris** la réponse à la question.

2 Lilou a 37 images. Mehdi en a 24.
Combien Lilou a-t-elle d'images **de plus** que Mehdi ?

• **Utilise** le quadrillage pour représenter le problème.

Lilou

0 5 10 15 20 25 30 35 40

Mehdi

Fais tes essais.

• **Écris** et **calcule** l'opération en utilisant la soustraction.

....

• **Écris** la réponse à la question.

Calcul mental : S'entraîner sur les tables d'addition de 2 à 9. *Ex. Énoncer des additions des tables de 2 à 9 ; les élèves nomment ou écrivent le résultat.*

Problèmes pour apprendre à chercher (3)

....

Compétence : S'engager dans une démarche de résolution de problème en émettant des hypothèses, en les testant, en essayant plusieurs pistes, en exposant sa démarche de recherche.

1 Lilou choisit une carte.
Sur sa carte, il y a : • 2 rectangles • 1 triangle en haut à gauche
Entoure la carte de Lilou.

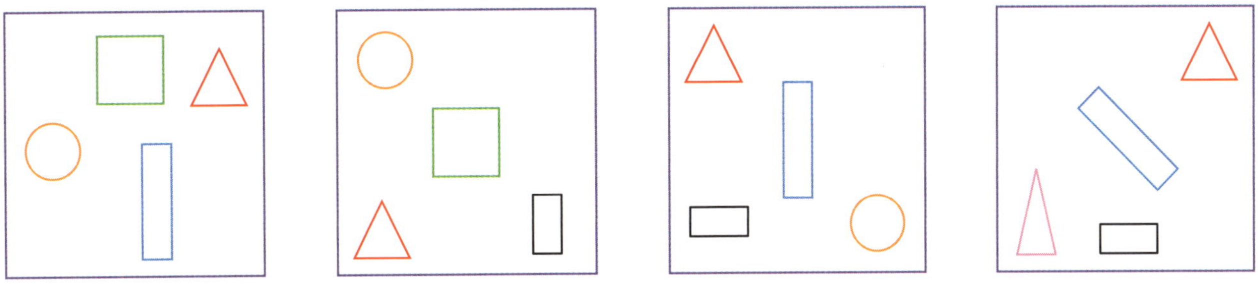

2 Mehdi et Lilou ont remplacé les chiffres par des dessins dans les additions.

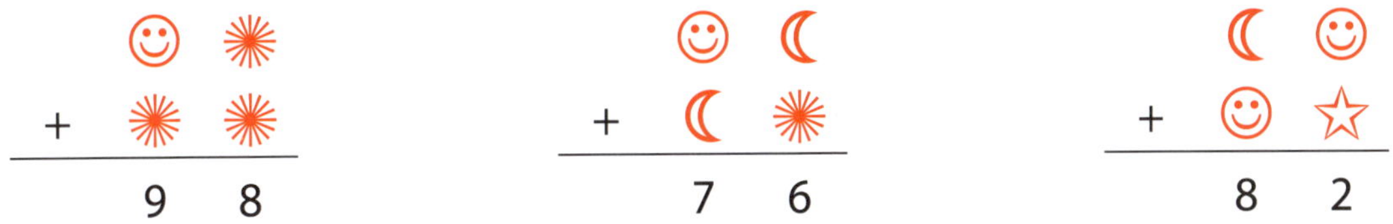

Écris la valeur de chaque dessin.

☺ : .... ✳ : .... ☾ : .... ☆ : ....

3 Dans sa tirelire, Lilou a autant de pièces de 2 € que de billets de 5 €.
Elle possède en tout 42 €.
Cherche le nombre de pièces de 2 € et de billets de 5 € contenus dans sa tirelire.

Dessine et fais tes essais.

Écris la réponse.

Dans sa tirelire, Lilou a :

.... pièces de 2 €

et .... billets de 5 €.

Calcul mental : Compter de 2 en 2, de 5 en 5, de 10 en 10. *Ex. : Un élève commence à compter de 2 en 2 à partir de 62 ; un autre prend le relais au signal de l'enseignant. Faire de même de 5 en 5, de 10 en 10.*

Calcul réfléchi : addition par ajouts successifs (2)

......	......	......	......	......

Compétence : Utiliser une stratégie de calcul réfléchi pour additionner par ajouts successifs des unités puis des dizaines au nombre initial.

1 Lilou veut connaître le total des places de parking sur la place de la mairie.

Calcule 25 + 18.

• Ajoute d'abord les 8 places du petit parking B1.

25 + 8 = ...

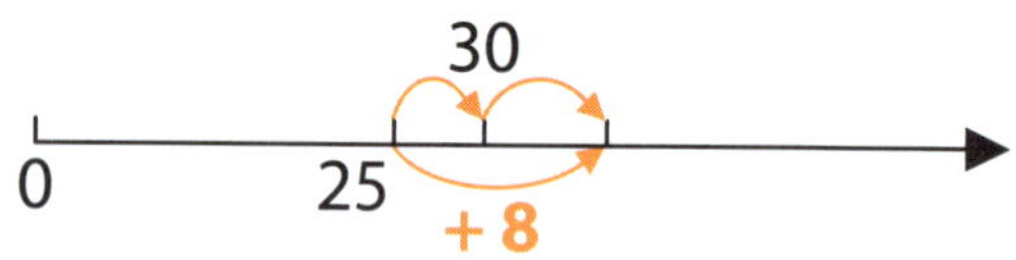

• Ajoute la dizaine du parking B2.

...... + 10 = ...

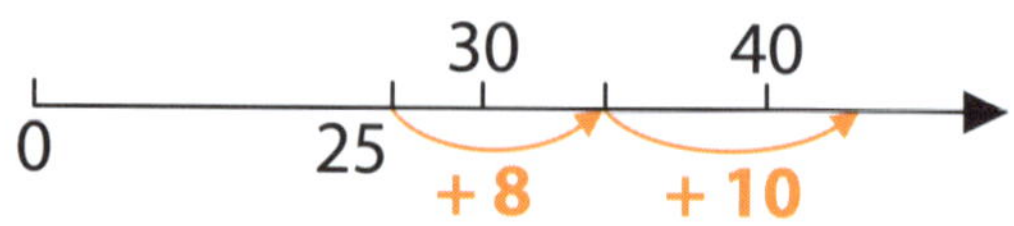

Le parking contient ...... places.

2 **Calcule** les additions en deux étapes.

37 + 28

• Additionne d'abord les unités.

37 + ... = ...

• Additionne ensuite les dizaines.

...... + 20 = ...

37 + 28 = ...

46 + 35

• Additionne d'abord les unités.

46 + ... = ...

• Additionne ensuite les dizaines.

...... + 30 = ...

46 + 35 = ...

3 **Calcule** les additions en deux étapes.

25 + 29

25 + ... = ...

...... + ... = ...

25 + 29 = ...

54 + 38

54 + ... = ...

...... + ... = ...

54 + 38 = ...

Calcul mental : Ajouter des dizaines entières à un nombre donné. *Ex. : Énoncer : 25 + 30. Les élèves nomment ou écrivent le résultat. Faire de même avec : 14 + 40 ; 60 + 15 ; 80 + 18 ; 50 + 23.*

Les mots pour lire et écrire les nombres jusqu'à 99

| ...... | ...... | ...... | ...... | ...... |

Compétences : Connaître et utiliser les mots-nombres pour associer les désignations orale et écrite des nombres ≤ 99.

1 Lilou et Mehdi ont inventé un jeu de cartes pour écrire les nombres jusqu'à 99.

un deux trois quatre cinq six sept huit neuf

onze douze treize quatorze quinze seize –

dix vingt trente quarante cinquante soixante

Écris le nombre de mots que Lilou et Mehdi ont trouvé.

Ils ont trouvé .... mots pour dire et écrire les nombres.

2 **Entoure** la bonne écriture de chaque nombre.

73	soixante – trois	68	soixante – dix – huit
	soixante treize		soixante – huit
	soixante – treize		soixante huit

3 **Remets** les cartes dans l'ordre pour écrire les nombres en chiffres.

huit – trente ....

deux quarante – ....

neuf vingt – quatre – ....

4 **Entoure** les nombres qui ne s'écrivent qu'avec un seul mot-nombre.

16 28 17 14 11 19 12 13 15

5 **Entoure** les nombres qui s'écrivent avec 4 mots-nombres.

78 98 68 99 76

Calcul mental : Écrire les nombres de 0 à 99. *Ex. : Dicter un nombre ; les élèves l'écrivent.*

Le carré et le rectangle sur papier pointé (1)

Compétences : Identifier et reproduire un carré, un rectangle sur papier pointé.

1 Lilou et Mehdi utilisent des planches à clous de géométrie. Ils tracent des figures avec de la laine de couleur.
Entoure le nom de chaque figure.

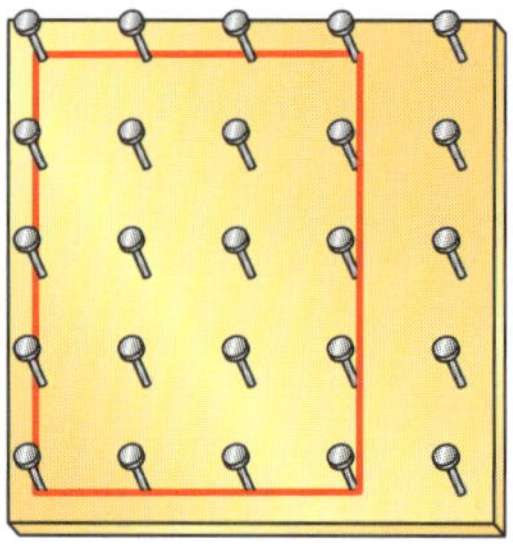

carré – rectangle

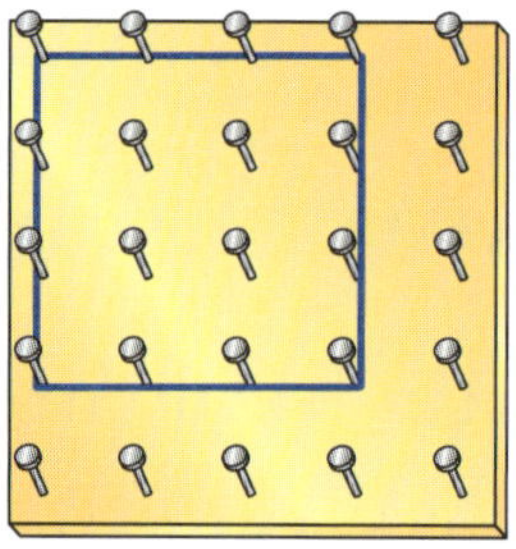

carré – rectangle

2 **Barre** les figures qui ne sont pas des carrés.

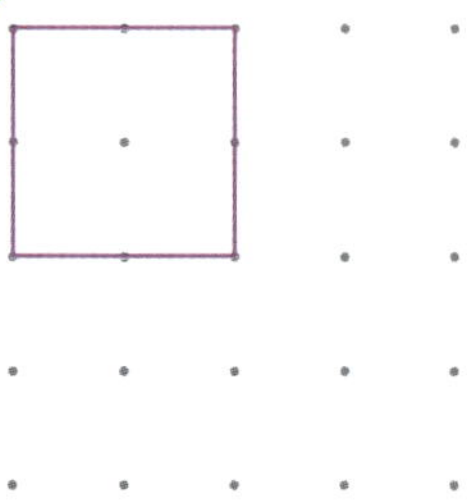
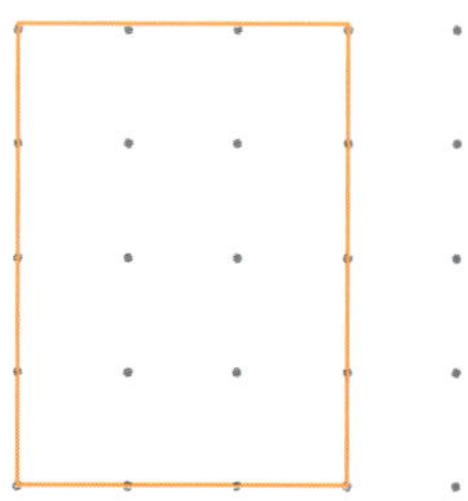
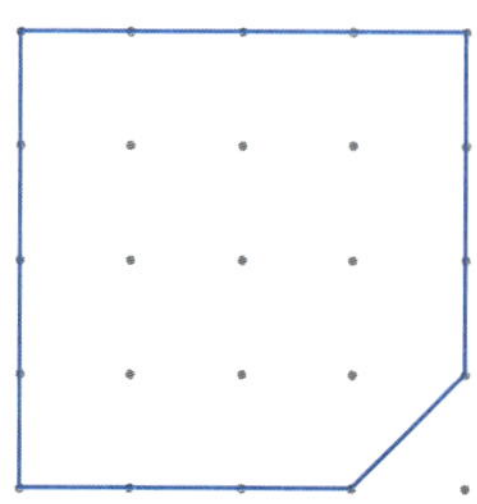
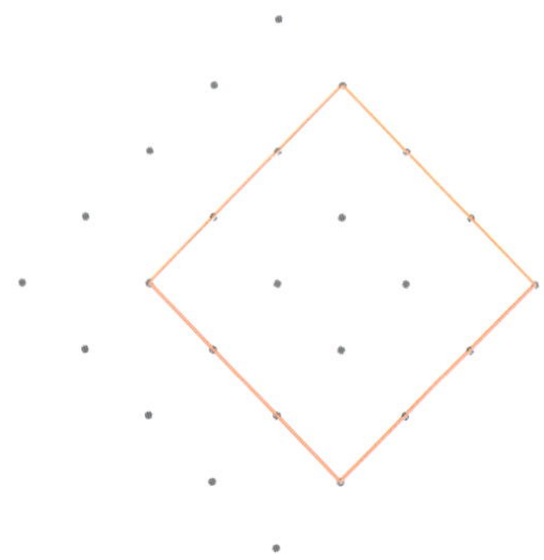

3 **Barre** les figures qui ne sont pas des rectangles.

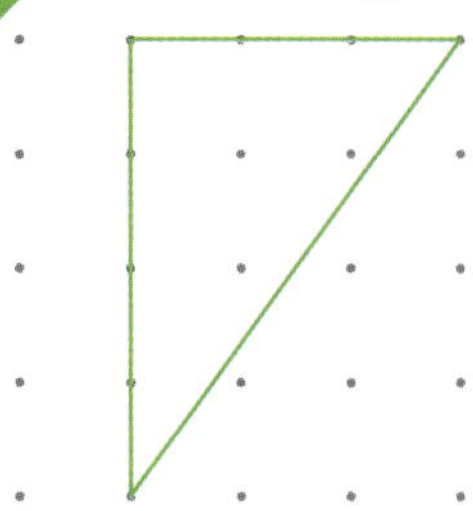
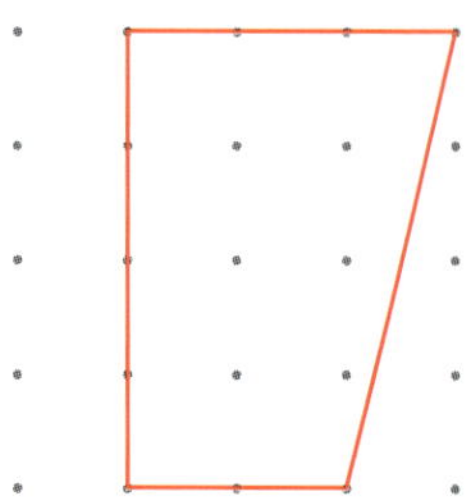
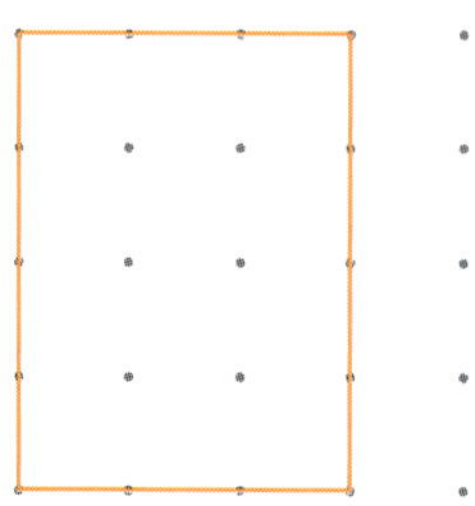
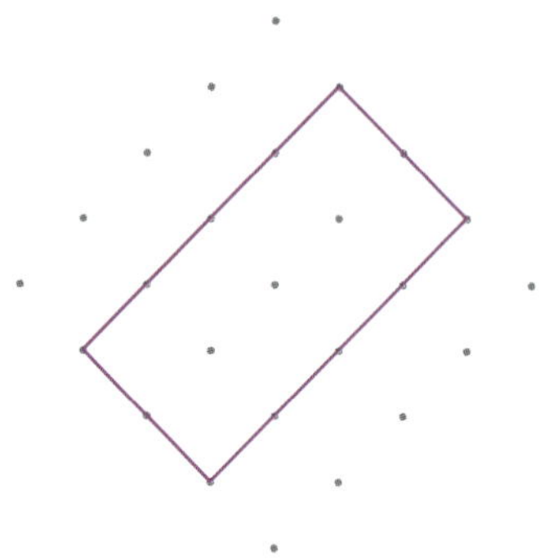

4 **Complète** les figures

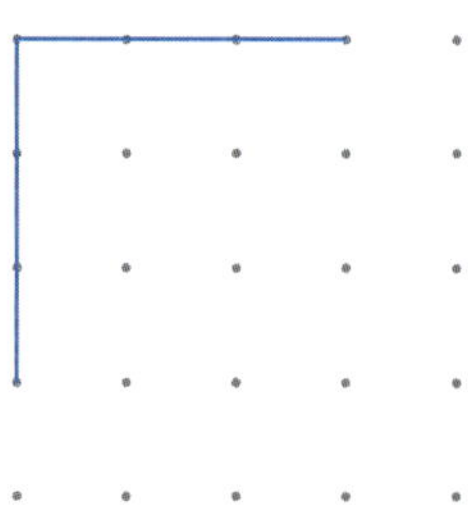

carré

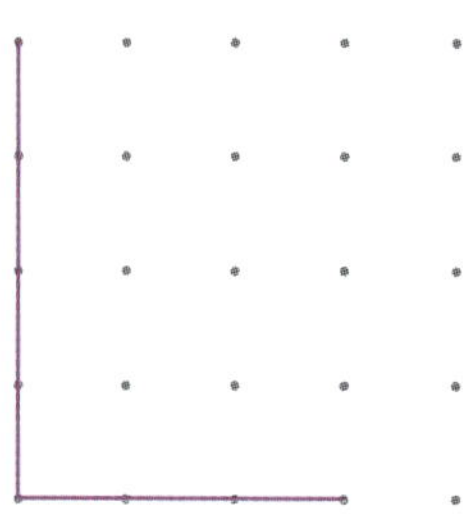

rectangle

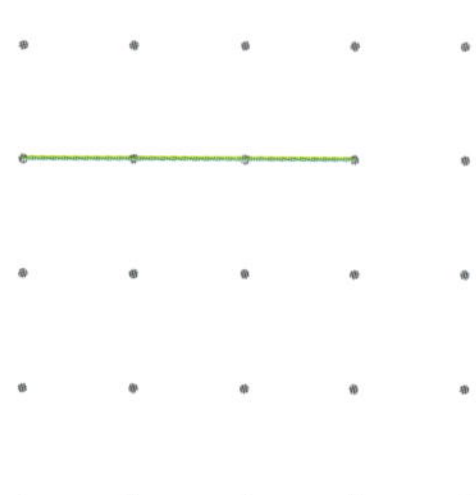

carré

Calcul mental : Soustraire des dizaines entières à un nombre donné. *Ex. : Énoncer : 25 – 10. Les élèves nomment ou écrivent le résultat. Faire de même avec : 38 – 20 ; 47 – 30 ; 95 – 40.*

Le carré et le rectangle sur papier pointé (2)

......	......	......	......	......

Compétence : Mesurer en unité imposée les côtés d'un carré et d'un rectangle.

1 Pour mesurer les côtés du carré, Lilou et Mehdi comptent le nombre d'espaces entre 2 clous.

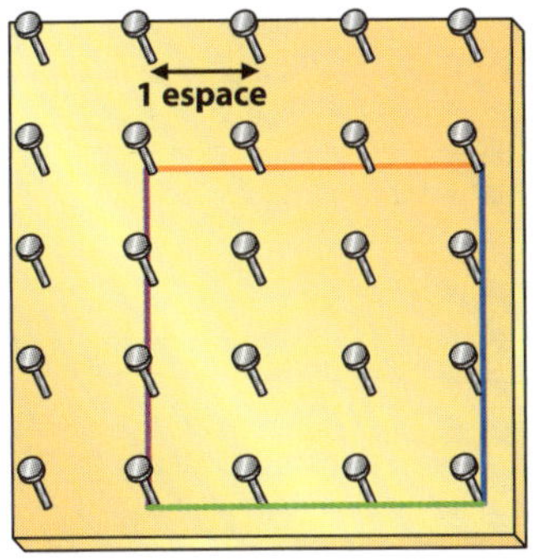

• **Écris** les mesures du carré.

côté orange = ... espaces côté bleu = ... espaces

côté violet = ... espaces côté vert = ... espaces

• **Entoure** la bonne phrase.

Les 4 côtés du carré n'ont pas la même mesure.

Les 4 côtés du carré ont la même mesure.

2 **Mesure** les côtés du rectangle.

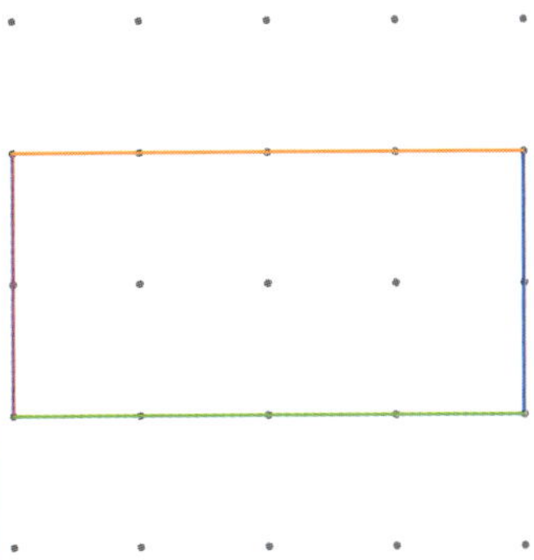

• **Écris** les mesures du rectangle.

côté orange = ... espaces côté bleu = ... espaces

côté violet = ... espaces côté vert = ... espaces

• Quels côtés ont la même mesure ?

Complète avec les couleurs des côtés.

Les côtés .... et ....

Les côtés .... et ....

3 **Retrouve** la figure décrite.

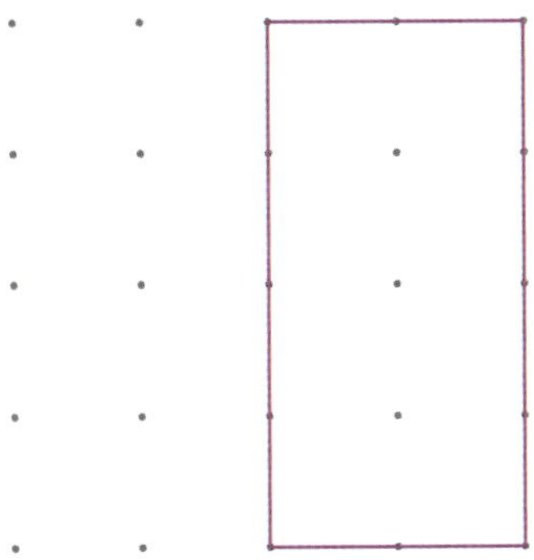

figure A

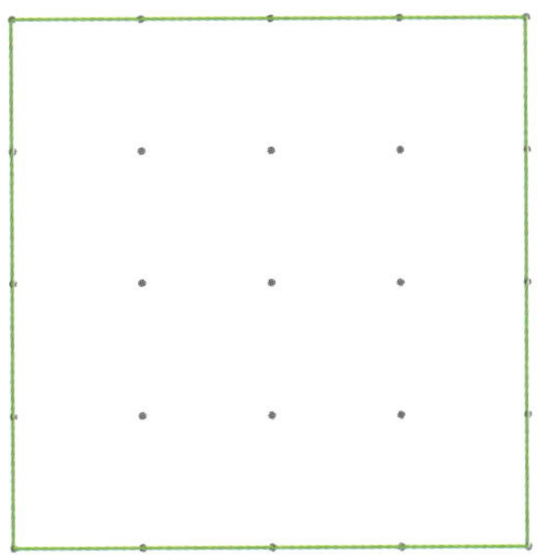

figure B

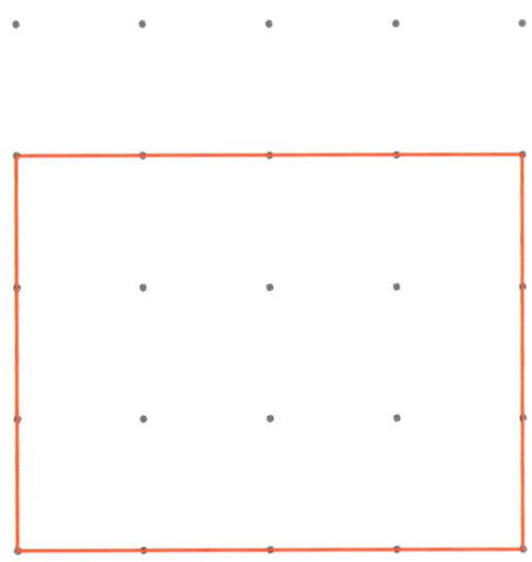

figure C

• J'ai 4 côtés mesurant chacun 4 espaces. Je suis ....

• J'ai 4 côtés. Mes 2 grands côtés opposés mesurent 4 espaces.

Mes 2 petits côtés mesurent 2 espaces. Je suis ....

Calcul mental : Donner le nombre qui suit ou précède un nombre donné.

Bilan 10

Calcul mental

....	....	....	....	....	....	....	....	....	....

1 Écris les nombres en chiffres.

quatre-vingt-dix-sept ....

quatre-vingt-sept ....

soixante-quinze ....

2 Écris les nombres en lettres.

45 ....

73 ....

98 ....

3 Complète les additions.

99 = 80 + ...

94 = 60 + ...

91 = 80 + ...

4 Calcule les additions en deux étapes.

45 + 27

45 + ... = ...

.... + ... = ...

37 + 48

37 + ... = ...

.... + ... = ...

5 Écris en chiffres, puis **complète** avec > ou <.

quatre-vingt-cinq   soixante-quinze

....

6 Complète avec > ou <.

91 97

92 82

89 92

59 81

7 Retrouve chaque figure décrite.

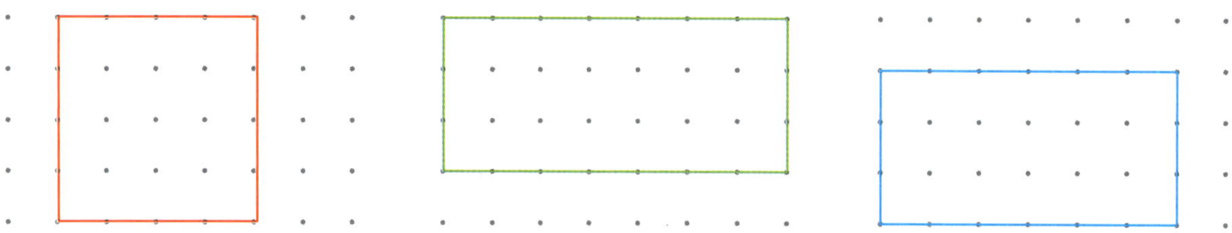

figure A   figure B   figure C

• Quelle figure a 2 grands côtés de 7 espaces et 2 petits côtés de 3 espaces ? ....

• Quelle figure a 4 côtés de 4 espaces ? ....

• Quelle figure a 2 grands côtés de 6 espaces et 2 petits côtés de 3 espaces ? ....

L'écriture des nombres : en chiffres

0 0 0 0 0 0 0 0 0 0 0

1 1 1 1 1 1 1 1 1 1 1

2 2 2 2 2 2 2 2 2 2 2

3 3 3 3 3 3 3 3 3 3 3

4 4 4 4 4 4 4 4 4 4 4

5 5 5 5 5 5 5 5 5 5 5

6 6 6 6 6 6 6 6 6 6 6

7 7 7 7 7 7 7 7 7 7 7

8 8 8 8 8 8 8 8 8 8 8

9 9 9 9 9 9 9 9 9 9 9

L'écriture des nombres : en lettres

zéro zéro

un un

deux deux

trois trois

quatre quatre

cinq cinq

six six

sept sept

huit huit

neuf neuf

dix dix

Achevé d'imprimer en Italie par l'imprimerie STIGE - Dépôt légal : Fevrier 2017 - Collection n° 47 - Édition 02 - 22/4780/3

Matériel page 1

La règle à calculer

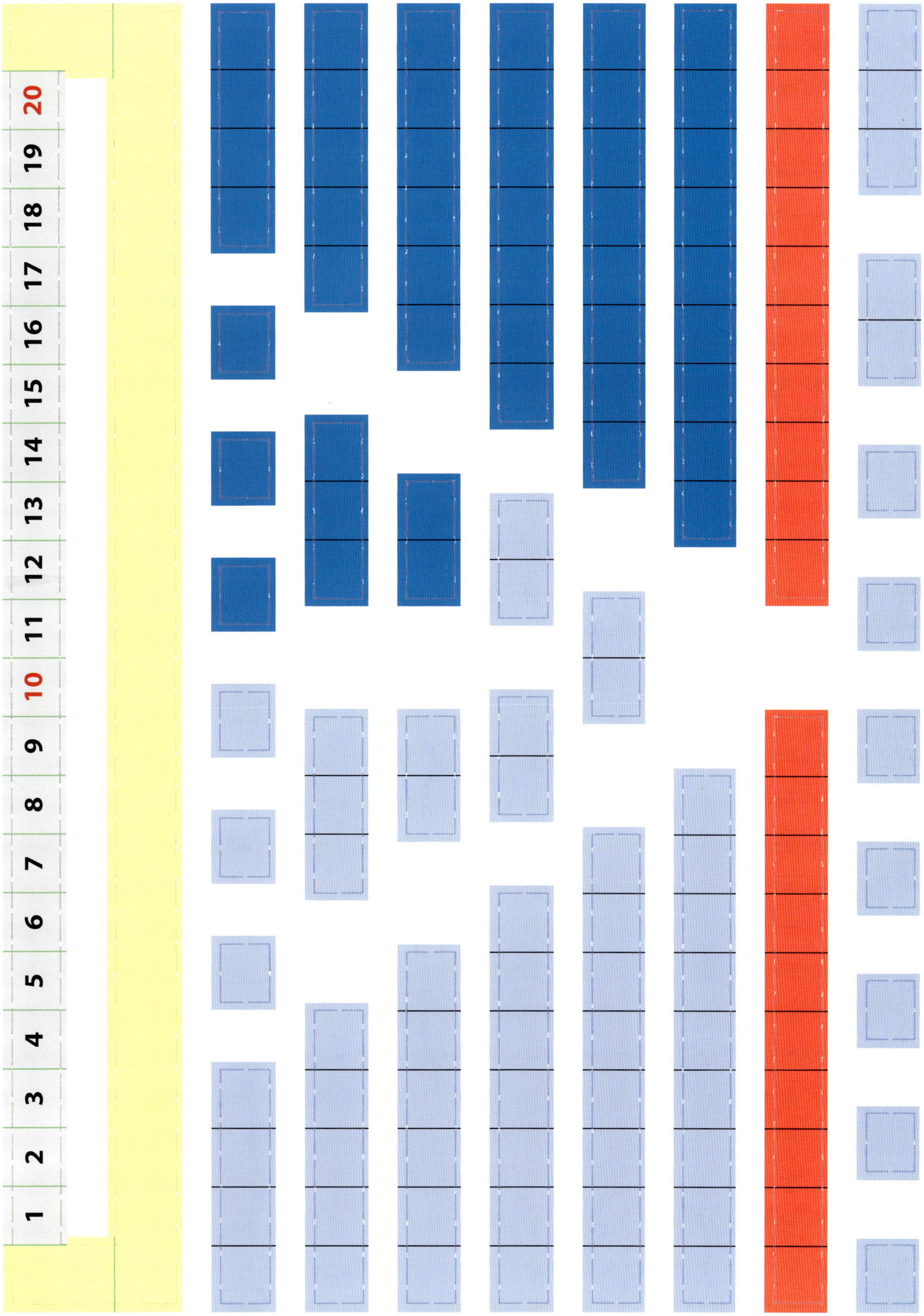

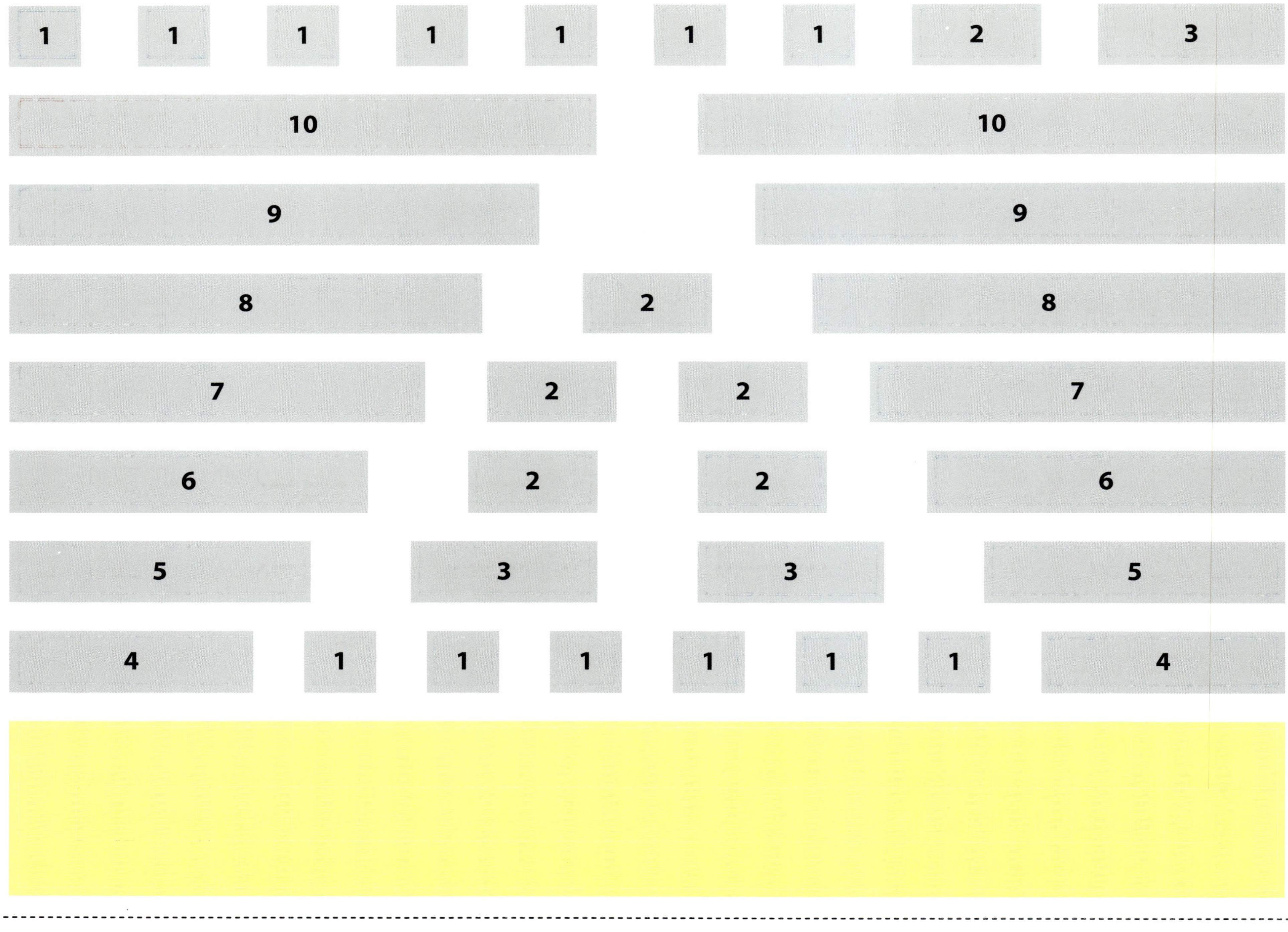
1 1 1 1 1 1 1 2 3
10 10
9 9
8 2 8
7 2 2 7
6 2 2 6
5 3 3 5
4 1 1 1 1 1 1 4

Matériel page 2

Les constellations des nombres de 0 à 10

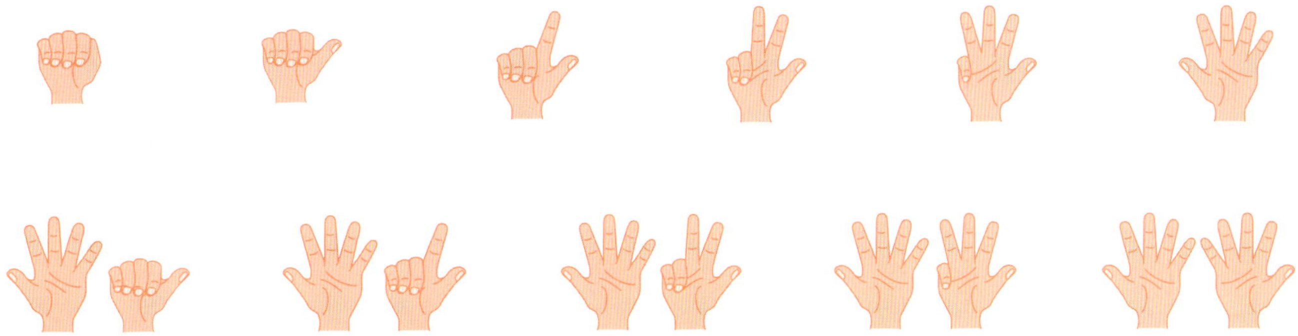

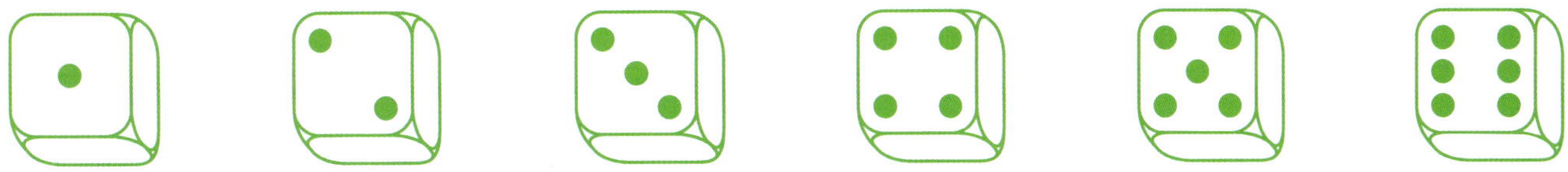

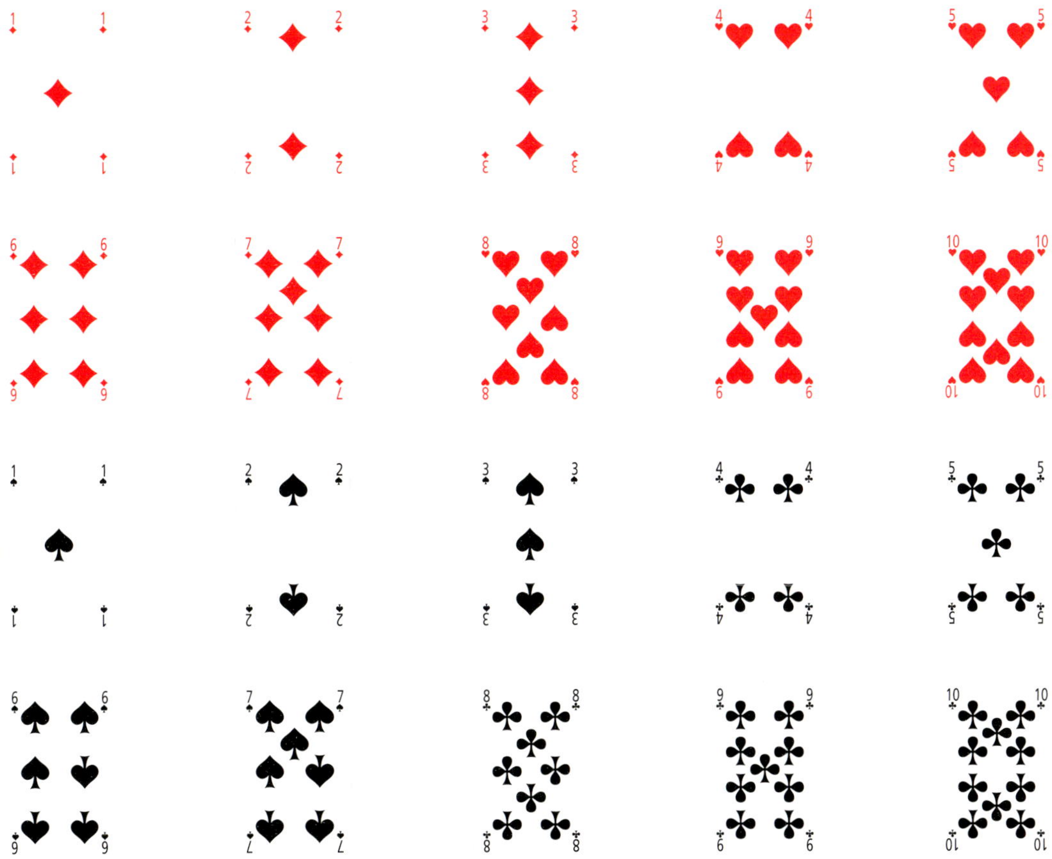

Les nombres de 0 à 10 écrits en chiffres

0	1	2	3	4	5
6	7	8	9	10	

5	4	3	2	1	0
10	9	8	7	6	
6	5	4	3	2	1
5	4	3	2	1	
10	9	8	7	6	
5	4	3	2	1	
10	9	8	7	6	
5	4	3	2	1	0
10	9	8	7	6	

Matériel page 3

Les nombres écrits en lettres

zéro	un	deux	trois	quatre	cinq
six	sept	huit	neuf	dix	

Les carrés unités et les barres dizaines

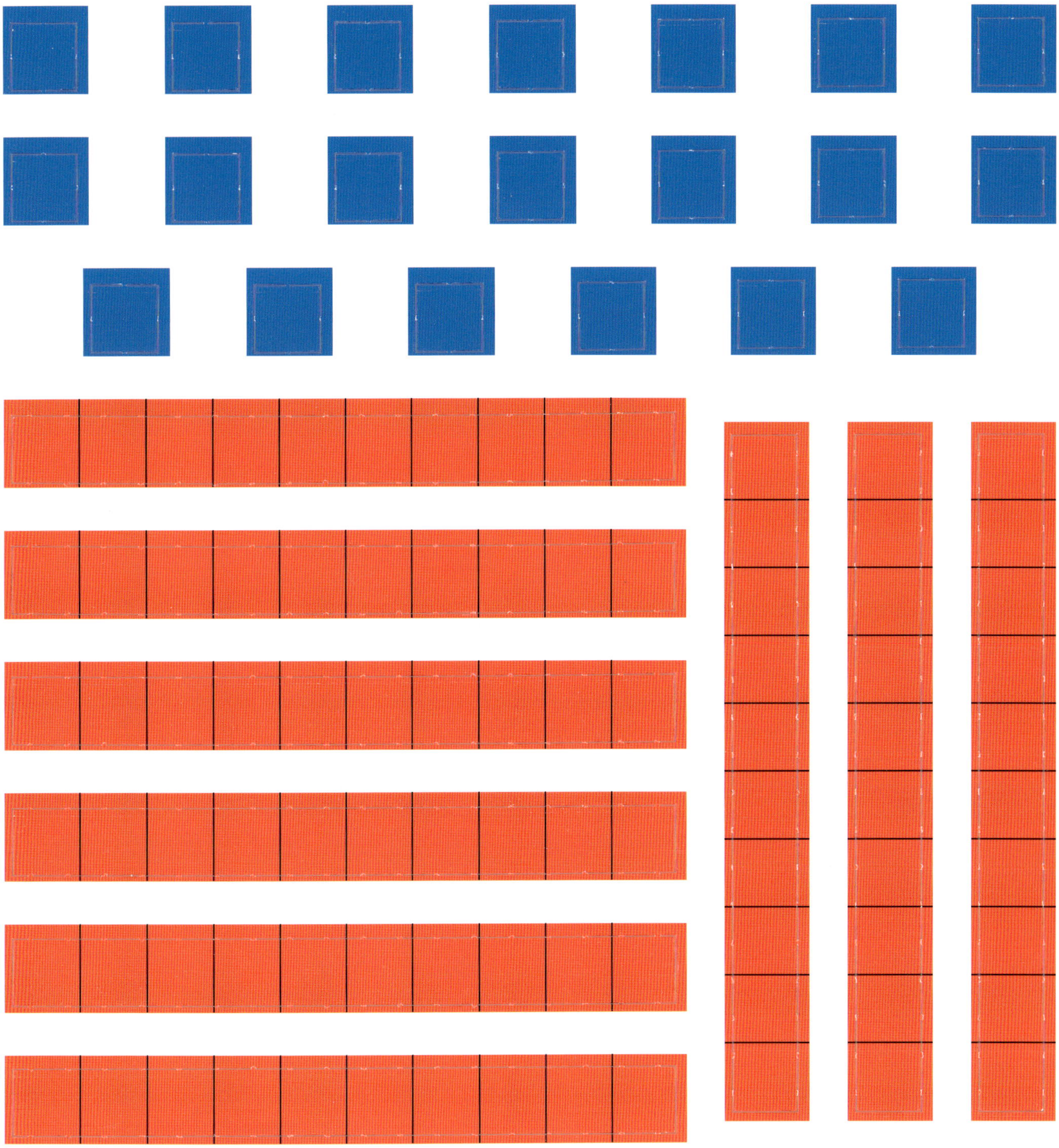

cinq quatre trois deux un zéro

dix neuf huit sept six

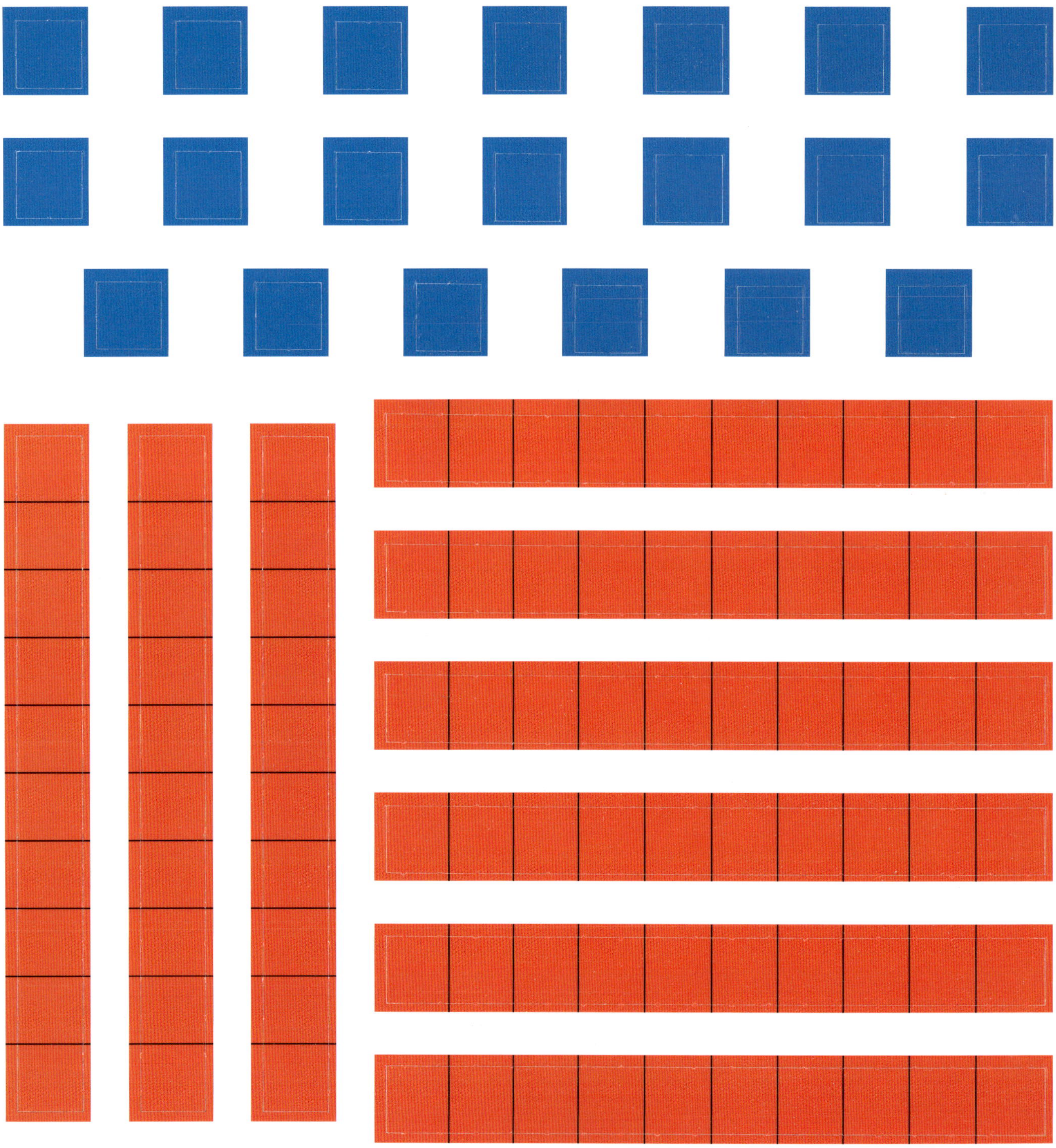

Matériel page 4

La monnaie

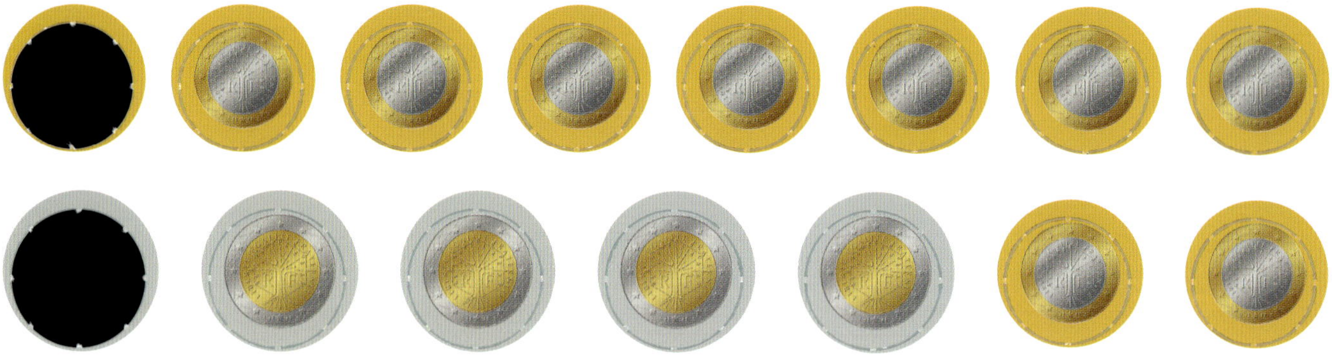

UE9 J4 93316
093316
20
EURO
ΕΥΡΩ
U
10
EURO
ΕΥΡΩ
ЕВРО
UB0061605155
605155
5
EURO
ΕΥΡΩ

Matériel page 5

Fiche 69 exercice 2

Fiche 74

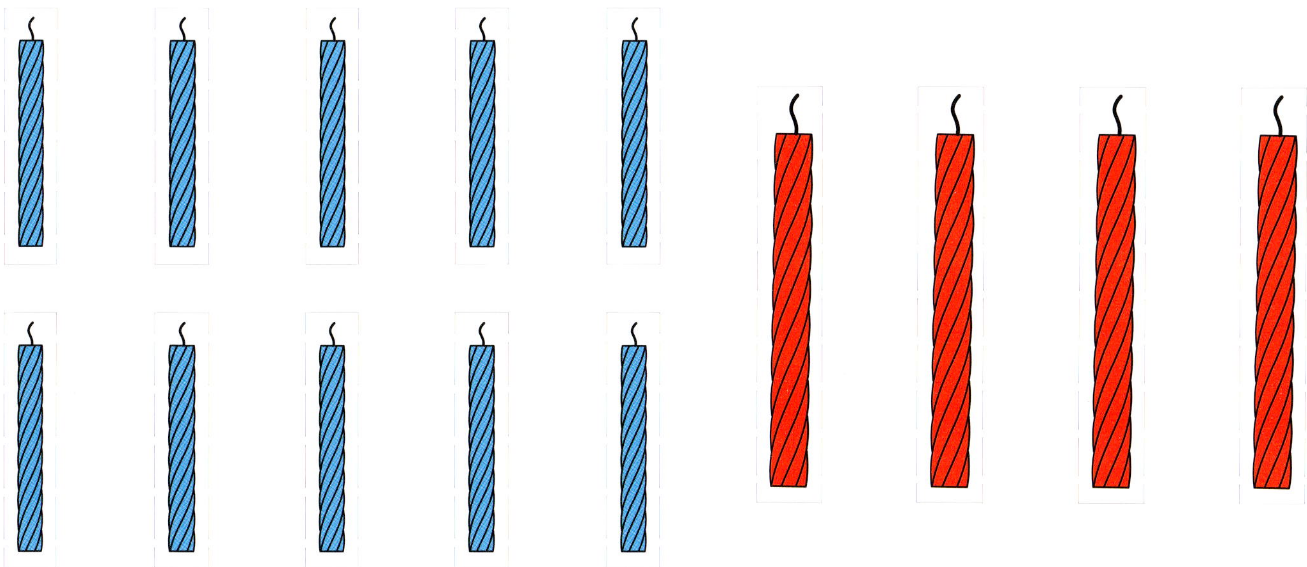

Un quadrillage

	1	2	3	4	5
A					
B					
C					
D					
E					

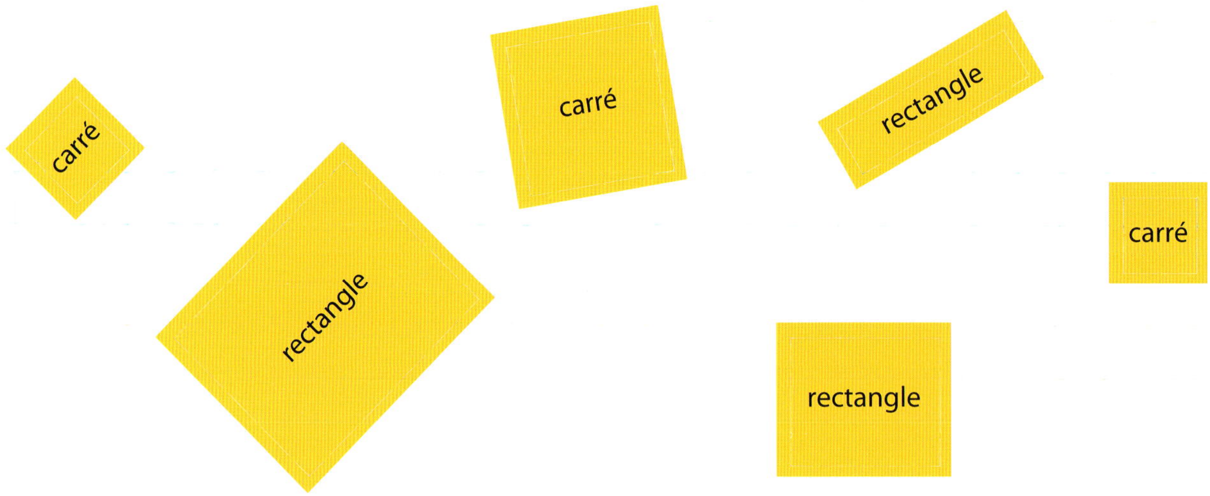
carré
rectangle
carré
rectangle
carré
rectangle

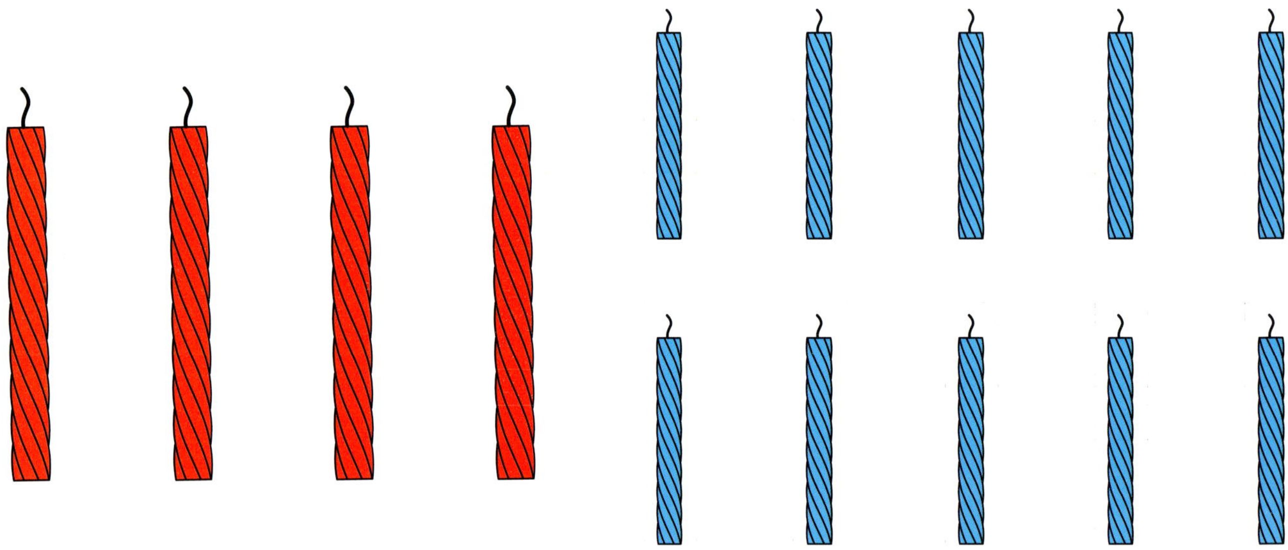

Matériel page 6

Fiche 78 exercice 1

Fiche 78 exercice 2

Fiche 78 exercice 3

Fiche 79 exercice 1

unité unité unité unité unité

Fiche 79 exercice 2

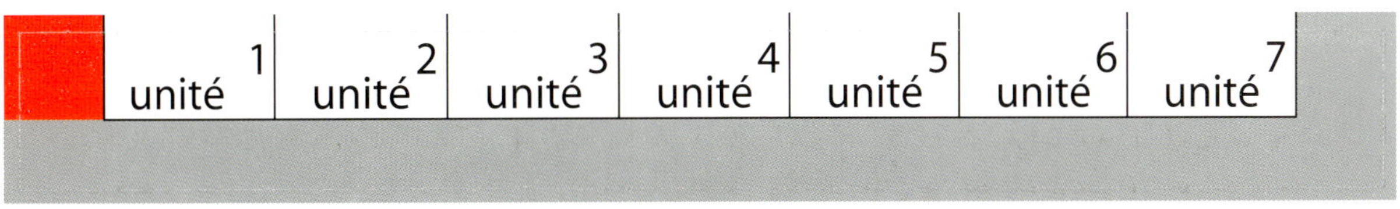

unité unité unité unité unité

Matériel page 7

Fiche 96 exercice 1

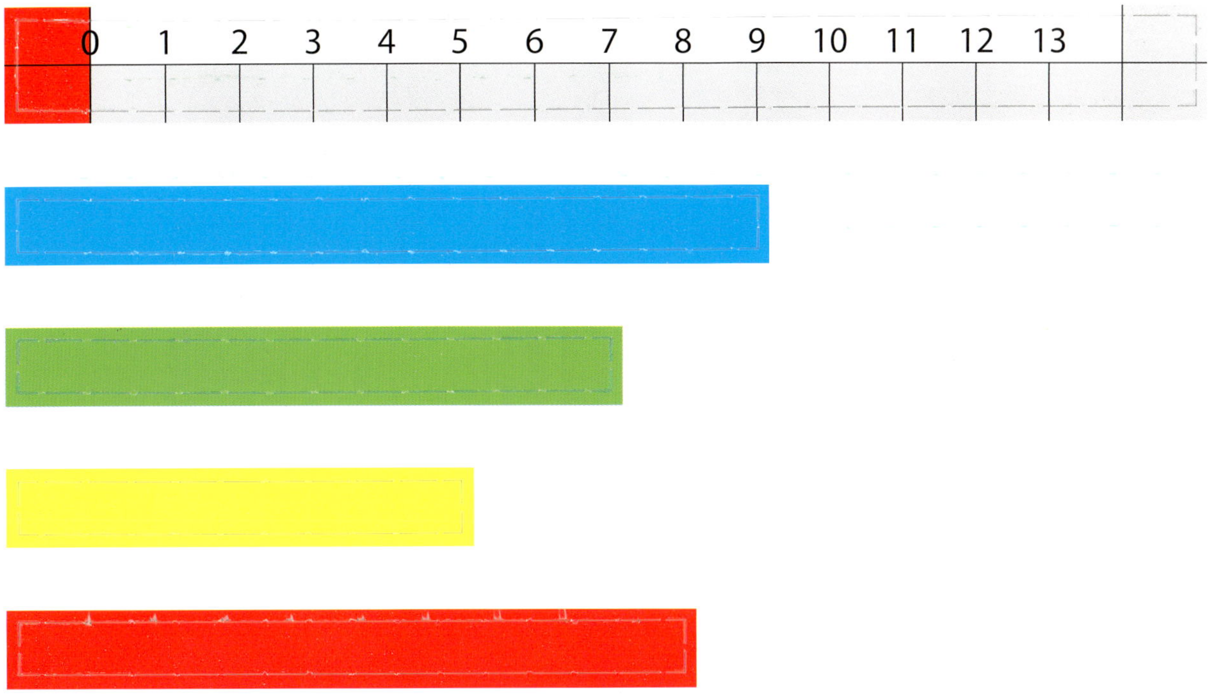

L'horloge

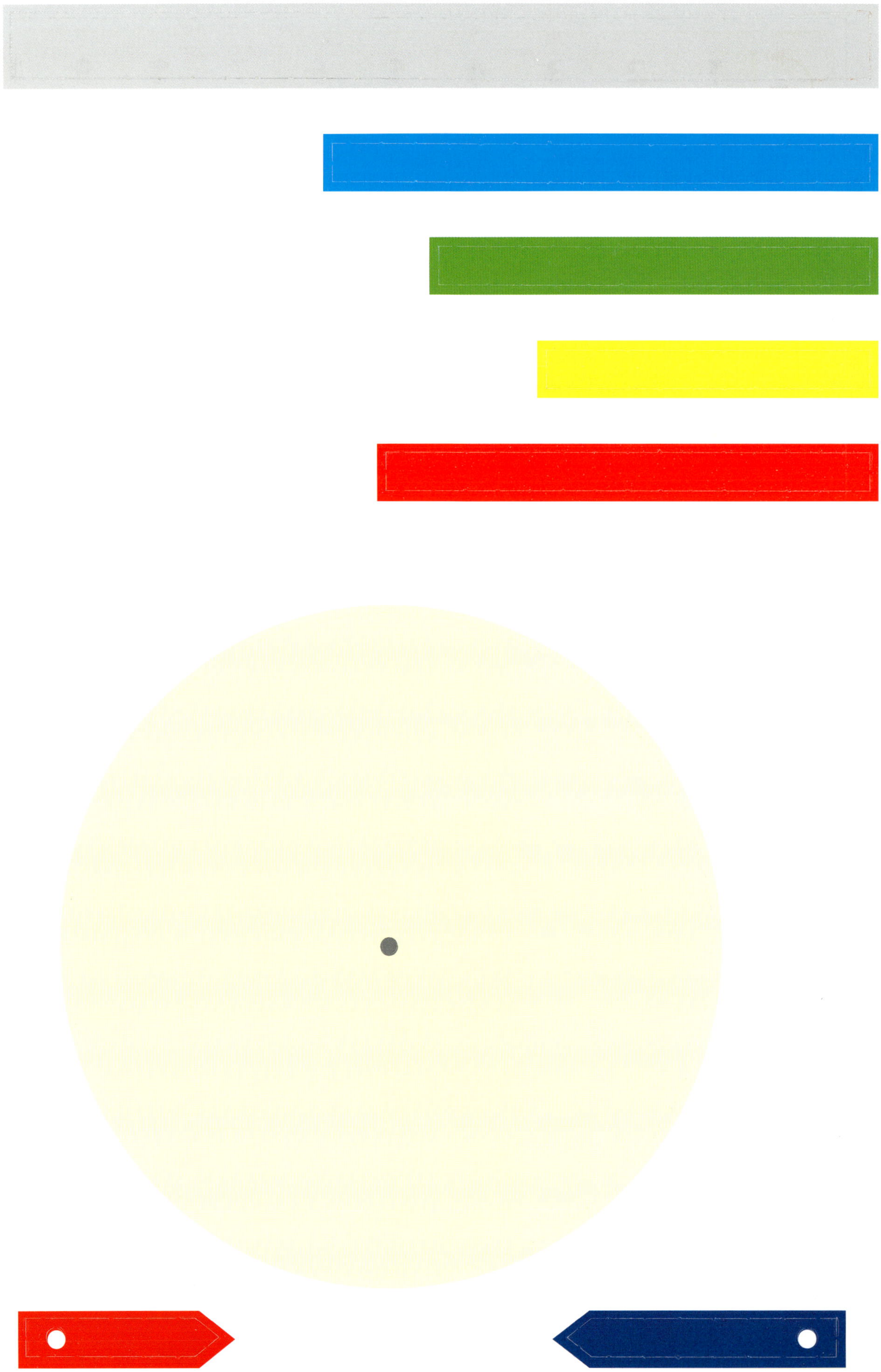

La table d'addition

+	**1**	**2**	**3**	**4**	**5**	**6**	**7**	**8**	**9**	**10**
1	2	3	4	5	6	7	8	9	10	11
2	3	4	5	6	7	8	9	10	11	12
3	4	5	6	7	8	9	10	11	12	13
4	5	6	7	8	9	10	11	12	13	14
5	6	7	8	9	10	11	12	13	14	15
6	7	8	9	10	11	12	13	14	15	16
7	8	9	10	11	12	13	14	15	16	17
8	9	10	11	12	13	14	15	16	17	18
9	10	11	12	13	14	15	16	17	18	19
10	11	12	13	14	15	16	17	18	19	20